ALMAS DE JÓVENES

COLECCIÓN AUSTRAL
N.º 499

ESPASA CALPE S.A.

MIGUEL DE UNAMUNO

ALMAS DE JÓVENES

QUINTA EDICIÓN

ESPASA-CALPE, S. A.
MADRID

Ediciones especialmente autorizadas por los herederos del autor para la

COLECCIÓN AUSTRAL

Primera edición: 17 - XI - 1944
Segunda edición: 15 - II - 1952
Tercera edición: 25 - IX - 1958
Cuarta edición: 2 - IV - 1968
Quinta edición: 31 - VII - 1981

Espasa-Calpe, S. A., Madrid

—

Depósito legal: M. 27.024–1981

ISBN 84–239–0499–7

Impreso en España
Printed in Spain

Acabado de imprimir el día 31 de julio de 1981

Talleres gráficos de la Editorial Espasa-Calpe, S. A.
Carretera de Irún, km. 12,200. Madrid-34

ÍNDICE

En *La Nación*, acreditadísimo diario de Buenos Aires, y en el último número del *Mercure de France* —el de febrero—, ha publicado Gómez Carrillo unas notas que le di acerca de nuestra juventud intelectual y del efecto que ella me produce. Y con ésta son muchas ya las veces que he tratado de ese tema, quedándome muchas más por tratar de él. Y es que, si no nos preocupan los jóvenes, ¿qué nos va a preocupar?

Dice Carrillo que parece no estimo a los jóvenes. Todo lo contrario. Dudo que a nadie le interesen más; dudo que haya en España quien con más ahinco busque firmas nuevas y las siga; dudo que haya quien con más ardor desee verlos ir unidos al asalto del ideal. Lo que hay es que yo, como muchos otros, manifiesto con cierta dureza mis cariños y gusto de fustigar a los que quiero. Para los irredimibles, para los que no tienen sino arrastrar una oscura vida o una muerte más oscura aún, para éstos no cabe sino el apóstrofe del florentino: no hablemos de ellos, sino mira y pasa.

Permitidme que hable de mí mismo; permítame mi joven amigo J. O. G., de quien reproduciré luego dos cartas; permitídmelo: soy el hombre que tengo más a mano, como decía mi paisano Trueba.

Llevo cerca de veinte años de profesorado, trece de ellos en cátedra pública y oficial; llevo cerca de veinte años tratando con jóvenes, y andan ya haciendo papel por el mundo discípulos míos. Llevo cerca de veinte años de profesorado, y aún no he cumplido los cuarenta. En el trato frecuente y lo más íntimo que me es dable con la juventud, procuro mantener mi juventud en frescura. Y, sin embargo, nunca he logrado ver que se me tratara como a joven. Cuando, teniendo poco más de dieciséis años, envié, sin firma, un artículo a *El Noticiero Bilbaíno,* Trueba, que era entonces el alma de este diario, lo atribuyó a una persona mucho mayor que yo, que vive y con la que me une hoy buena amistad. Y a partir de entonces, casi siempre me vi tratado de niño viejo. Lo cual me consuela, pues creo es el mejor camino para llegar a viejo niño. Y todo esto me ha creado, como se lo decía a Carrillo, una situación especialmente favorable, pues ni la gente vieja me cuenta entre los suyos ni entre los suyos me cuenta la gente nueva. Partiendo de lo cual, suele tentarme Satanás en mis horas de desfallecimientos del espíritu, diciéndome: "No hagas caso, Miguel, eso es que no tienes edad, ni eres de los jóvenes ni de los viejos, ni eres de ayer ni de mañana; eres de hoy, eres de siempre." Y yo le digo: *Vade retro, Satana;* pero, ¿por qué no confesarlo?, removidas mis pecadoras entrañas por esas palabras del Tentador.

Y no quiero seguir por aquí, pues esta mañana he estado leyendo en el *Ejercicio de perfección y virtudes cristianas,* del V. padre Alonso Rodríguez, lo que este piadoso varón decía del segundo grado de la humildad en el capítulo XIII del tratado tercero de la parte segunda de su prolija y sosegada obra, capítulo en que habla de los que se humillan para ser ensalzados, que no hay mayor soberbia que pretender ser tenido por humilde, y de lo que un padre muy grave y muy espiritual llamaba humildad de garabato, "porque con ese garabato queréis sacar del otro que os alabe". Y no vaya la malicia a pensar que al ensalzarme yo por mediación de Satanás busco el que se me eche en cara y me humillen, y no sé cuántas otras cosas.

Lo que sí digo es que no son los más soberbios los que más hablan de sí mismos, ni es soberbia el reconocer, a la vez que los propios deméritos y faltas, también los méritos y perfecciones propias. Y traigo esto a cuento porque veo que son no pocos los jóvenes que dan en ensalzarse de un modo o de otro, ya directamente, ya por medio del elogio mutuo, y hasta los hay que, engañados por Nietzsche, el gran embaucador, hablan de su propia soberbia. Y no hay tal soberbia ni los que dicen padecerla la padecen, sino que es una moda como cualquier otra, sin que haya por debajo, en lo regular, otra cosa que la rebusca del pan de cada día.

Hay en nuestros jóvenes mucha soberbia fingida, como es pura ficción la horribilidad de aquel inocente animalito al que llaman los naturalistas *Moloch horridus*, inofensivo lagarto de la Australia, que al verse hostigado toma la apariencia de espantable animal dañino, erizándosele de miedo no sé que gola o pendejo del cuello.

Los más de los males de que nuestra juventud padece arrancan de la pobreza de nuestro país y de nuestra vida. Su fantasía les engaña con sobrada frecuencia, mostrándoles el pan en forma de gloria.

Lo he dicho muchas veces, y lo repito, y no por última vez: en el español, la codicia ahoga la ambición. Somos un pueblo de pordioseros arrogantes que despedimos con un "¡Dios se lo pague!" al que nos da limosna, y con un "Vaya un tío" al que no nos la da.

Llega un mozo a Madrid en busca de colocarse, y al punto procura un rodrigón, y es ello forzoso. Y los que más aparentan independencia suelen ser los que con más ahinco lo buscan.

Y lo más triste es que los jóvenes andan desparramados y sin haber comprendido que el unirse, dejándose de rodrigones, y el marchar en falange compacta les daría mucha más fuerza.

No ha sido posible hasta ahora unirlos a todos, y es acaso porque la busca del pan desune, y no todos comprenden que no sólo de pan vive el hombre.

Y ahora, antes de proseguir con esto, voy a insertar aquí dos cartas de mi joven amigo J. O. G., que ha hecho ya, y con aplauso de los buenos, sus primeras armas.

Dice así la primera:

Mi querido amigo: A pesar de lo cariñosa que era su carta, no la he contestado cuando y como debiera; me perdonará usted. Esperaba a estar más sereno, a que el espíritu me entrara en ritmo sociable. Como, por lo visto, el compás no acaba de ganarme la cabeza, renuncio a escribirle tranquilamente.

Tengo un verdadero lío en la cabeza: la consabida sopa de letras, hirviendo; unas me suben, otras me bajan, en sartas o en pedazos; ahora tengo una duda sobre algo elemental y básico, y al punto se me monta una afirmación absoluta tenazmente. Otras veces siento que bajo la conciencia me andan ideas desconocidas haciendo sus menesteres; de cuando en cuando una asciende como un pez a tomar aire, y la veo; pero, como no veo el resto de su familia, no me sirve de nada. En una palabra, un lío ideal que con su jaleo me impide verme lo instintivo, lo espontáneo que haya o haya de haber en mi personalidad.

Luego me agarra la convicción de que no sé ni una palabra de nada; pero así, ni una palabra. Fuera de unos cuantos, todos los demás caballeros pensantes no tenemos ninguno idea seriamente hecha; queremos fabricar tremendas ideologías tajantes, sin datos de la realidad de hoy o pasada, por un lado, y sin dejarnos crecer el logaritmo de nuestro yo, de otro lado, porque acaso advertimos que repele las modas intelectuales. Somos unos parvenus, unos golfos, unos arrivistas, como dicen Mrs. les français.

Acaso me diga usted que no hace falta saber para pensar; pero le he de confesar que ese misticismo español-clásico, que en su ideario aparece de cuando en cuando, no me convence; me parece una cosa como musgo, que tapiza poco a poco las almas un poco solitarias como la de usted, excesivamente íntimas (no se indigne), y procupadas del bien y del alma por vicio inlectualista. Sólo el que tenga una formidable intuición podrá con pocos datos, con pocas piedras, hacer un templo; si no tiene ningún dato, hará una cosa anacrónica y brutal (Mahoma), y si no tiene esa tremenda intuición hará sólo majaderías. Esto es lo que han hecho los señores de treinta años y lo que comenzábamos a hacer nosotros los de veinte. Aquéllos traían algo de frescura y de vida antiliteraria, e hicieron una irrupción de bárbaros en estos campos de las ideas. Más vale, es cierto, algo que nada. Pero yo, dígolo francamente, no me allano al papel de bárbaro, y, por mucho que me alaben la robustez de mis brazos y mis buenos colores salvajes, me creo capaz de ser un hombre franco, bueno, justo, de aire libre, al mismo tiempo que entendido, aficionado, studiosus, lento y calienta-libros.

Nunca olvidaré las frases amargas, humanas, con que habla Turguenef en Humo, de los diamantes en bruto de su país: "No extendáis por Rusia la idea de que se puede hacer algo sin el estudio, ¡por Dios! No; aunque se tenga una frente como una hectárea, hay que estudiar, comenzando por el alfabeto; si no, hay que callarse y estarse quieto." Una de las cosas honradas que hay que hacer en España (como en Rusia), donde falta todo ci-

miento, es desterrar, podar del alma colectiva la esperanza en el genio (que viene a ser una manifestación del espíritu de la lotería), y alentar los pasos mesurados y poco rápidos del talento. Si fuéramos Francia, otra cosa hablaríamos. Prefiero para mi patria la labor de cien hombres de mediano talento, pero honrados y tenaces, que la aparición de ese genio, de ese Napoleón que esperamos, y que llamaba Baroja con el nombre de Dictador en el último o penúltimo número de Alma Española. *Corre por todos los ánimos de los intelectuales nuestros de hoy un viento de* personalismo *corto de miras, estéril, que es lo más opuesto a nuestras necesidades. Un genio nos alzaría un momento, y, muerto o roto, volveríamos a nuestro faquirismo, o mejor judaísmo, a esperar, enfermos, inquietos, imposibles, otros dos o tres siglos el nuevo genio que por reparto* providencial *y sin esfuerzo nuestro nos correspondiera.*

Según usted, mi cariñoso amigo, yo debiera decir esto en público hablando o escribirlo, puesto que, bueno o malo, se me ha ocurrido. Si tal hiciera, y la cosa pareciera una tontería, como si nada; si parecía lógico y digno de consideración, la falta de madurez, el cachorrismo, *las inexperiencias y candideces que necesariamente habrían de envolver su exposición, estropearían, embotarían lo que de bueno pudiera haber en ella. Así que me lo guardo. Creerá usted que es avaricia o temor a comprometerse; pero yo le aseguro que es respeto a las ideas y —¡qué demonio!— cierto asco de entrar a formar parte, casi a sabiendas, del coro de ocas.*

Observará usted que estoy pesimista. Sí; creo que, por donde vamos, no vamos a ninguna parte. Me produce verdaderamente malestar leer los artículos que se escriben: "Iba yo por la calle..." "Me acosté anoche..." "Un amigo mío..." ¿Será que es-

tos señores tienen tan poca confianza en el timbre de su voz, que temen resultar anónimos y desvaídos si no hablan en primera persona? Y el caso es que, casi, casi, son cuartas...

Al llegar aquí releo la carta, y me parece un poco fuerte; he pecado de algunos vicios que aquí mismo censuro; pero, al cabo, esto es una carta a usted, que tiene ciertos hábitos y gustos de confesor, y no es un artículo.

Podrá ser que no haya nada de cierto en cuanto digo; pero ¿se atreverá a censurarme que, no teniendo cosa mejor que hacer, trabaje sobre los libros de nueve a diez horas diarias, y que crea que, haciendo esto unos cuantos años, se puede *pensar mejor que no haciéndolo?*

Espero me conteste.

Sabe usted es su amigo de veras,

J. O. G.

No recuerdo lo que contesté a esta carta de mi joven amigo, aunque me lo figuro. Protesté, desde luego, de que haya yo nunca creído que no hace falta saber para pensar, ni que haya condenado el estudio, yo que hago de él la principal ocupación de mi vida, y que he sido un devoralibros, sobre todo de mis dieciséis a mis veintiséis años. Lo que sí es cierto es que aun más que leer, me gusta ver y observar lo que en torno mío pasa, y que en el orden de estudios que profeso hoy oficialmente, el de la lingüística castellana, prefiero oír hablar a los charros y estudiar la lengua viva del pueblo, tomándola de su boca, que no embutirme en la mollera viejos mamotretos de hablistas de siglos hace. Me produce más júbilo el encontrar en uso un vocablo que, a partir del latín y por deducción fonética, había supuesto como posible en castellano, tal cual me ha acontecido con la voz *andiar*, enjalbegar o limpiar una casa, usada en parte de esta provincia de Salamanca, y que es derivación del latín *nitidus*, catalán *netejar*, francés *netoyer*, y derivación conforme a todos los principios fonéticos conocidos, me produce más júbilo esto que no el pescar con caña de erudito un voquible raro en cualquier fraile del siglo XVI. Pero no desdeño leerlos. Mas sí lamento lo frecuente que es encontrar a nuestros jóvenes zambullidos en ciencia puramente libresca y entregados a la pedantería. Hablan demasiado de autores y de libros, y muestran demasiado empeño en hacer ver los unos que los han leído, y que no los han leído los otros.

Por otra parte, el libro es en España más imprescindible que en otras partes. Donde hay más cultura en el ambiente social que la que aquí hay, recíbela uno sin saber cómo: de conversaciones, de la lectura de diarios, de conferencias, del espectáculo mismo de la vida. Aquí tenemos que suplir cada uno las deficiencias de la cultura ambiente y las deficiencias de nuestra educación; el español se ve obligado a ser autodidacto. Y de nuestro forzoso autodidactismo proceden, con algunas ventajas, no pocos de nuestros inconvenientes.

Y puestos a leer, leer mucho. En esto aplaudo a mi amigo. Y también aquí he de repetir palabras mías de otra ocasión, y es que, cuanto menos se lee, hace más daño lo que se lea. Cuantas menos ideas tenga uno y más pobres sean ellas, más esclavo será de esas pocas y pobres ideas. Las ideas se compensan, se contrastan, se contrapesan y hasta se destruyen unas a otras.

Más complicada es la cuestión de la esperanza en el genio, que plantea en su carta mi joven amigo, y muy exacto lo de que viene tal esperanza a ser una manifestación del espíritu de la lotería. Sin embargo, yo, que, como los más de los españoles que pueden tirar una vez al año cinco duros, juego a la lotería por Navidad, a ver si me cae el premio gordo, aunque sin hacerme ilusiones al respecto ni echar sobre ello las cuentas de la lechera, creo que la esperanza en el genio no es obstáculo para que cada cual trabaje por sí mismo, preparándose así al advenimiento de aquél, si es que ha de llegar. El genio sirve de poco o no sirve de nada, si no es el núcleo en torno del cual se agrupan los "cien hombres de mediano talento, pero honrados y tenaces". Es más: creo que un solo genio, un genio solitario, si por acaso naciese entre nosotros —y tal vez haya nacido, y viva y aun se muera o se haya muerto, sin que de él nos hayamos percatado—, creo que ese genio no maduraría, a falta de otros genios. Es la sucesión de genios, la mutua fecundación de sus labores, lo que hace las grandes épocas de un pueblo, como lo ha mostrado bien el gran pensador norteamericano Guillermo James en su ensayo sobre los grandes hombres y su ambiente (1). Un genio, a la vez que es producto de un grupo de talentos que le fomentan y maduran, es quien puede reunirlos y multiplicarlos.

La espera del genio, si de veras lo esperáramos, en vez de sumirnos en la quietud nos movería a la acción, así como la esperanza en el Mesías era lo que arrancaba a las mujeres judías de la esterilidad voluntaria y las hacía ansiar la maternidad. Y la esperanza en el Mesías es lo que mantiene aún vivo y activo a ese pueblo maravilloso. Y así como toda doncella judía deseaba ardientemente llegara el hombre que la hiciera fructificar de entrañas, en esperanza de que su fruto fuera el Mesías prometido; si de veras esperáramos el genio —que yo creo que no lo esperamos con esperanza activa—, todos procuraríamos con ardor que fructificasen por el

(1) *Great Men and their Enviromment* en el libro *The wiu to believo and other essays in popular philosophy by William James.*

estudio nuestras entrañas espirituales y las de nuestros hijos, por si el genio dormía, o en nuestro propio seno espiritual o en el de nuestros hijos.

No, yo no creo que esperamos el genio, porque esperar es rogar a Dios, pero dando con el mazo, y veo nuestro mazo parado. A lo sumo le aguardamos. Esperar es salir a la puerta de la casa con la luz en la mano, y escudriñar y avizorar las tinieblas exteriores y dar voces por si nos responden, mientras que aguardar llamo a echarse a dormir, diciéndose: "Ya vendrá y dará en la puerta, y me despertará con el aldabonazo y saldré a abrirle."

Para que llegue el genio, hay que hacerse digno de él; hay que provocarlo. Si nuestros jóvenes creyeran de veras en el advenimiento del genio, habríanlo producido ya, sacándolo de entre ellos mismos; si tuviesen fe en el genio, habrían hecho el genio, porque la fe crea su objeto.

El *personalismo* de que mi joven amigo se lamenta es una de las causas de que no brote entre nuestros jóvenes el genio, que es la personalización de lo más impersonal. Cada uno finge creer en sí mismo, para ver si así se atrae la fe de los demás, en vez de creer en los otros. O creer en sí mismo, pero sin fingimiento, con hechos, y no con meras palabras.

A mi contestación a la carta trascrita, que es del 6 de enero de este año, me contestó con esta otra:

Mi querido amigo: Muchas gracias por los alientos que me da. Me complace ver que coincido con usted en algunas cosas; coincidencia tan exacta, que las apostillas de usted a lo que yo le decía, también las pensaba yo, si bien me las dejé en el tintero.

Como siento un gran desdén apriorístico hacia cuanto ahora pienso, por no considerarme en condiciones de pensar normal y seguramente al ver en usted cierta conformidad, me digo: ¿Conque no eran majaderías?

Respecto a la publicación de mi carta como motivo de un ensayo..., por lo mismo que tengo una grande ansia de notoriedades grandes, *me castigo y cerceno las pequeñas ansias de notoriedades* chicas, *como ver mi nombre en los periódicos por cualquier motivo que sea. Desearía, pues, que no diera usted la carta mía sino como el estado mental de un muchacho de veinte años, que abrió los ojos de la curiosidad razonadora al tiempo de la gran caída de hojas de la leyenda patria. Únicamente dándole esta fuerza representativa adquiere la carta valor de* hecho sugestivo *para un desmontador de almas sociales como usted. Hay, sin embargo, una dificultad: hago en la carta afirmaciones rotundas e hirientes; algunos señores habrán de sentirse molestos. Si usted quiere, por medio de una vaga alusión o perífrasis, puede dar a entenderlo a estos señores, quien, desde su modesta y callada mesa de trabajo, siente un gran desdén por sus obras, y las juzga disolventes, bárbaras, y por lo menos estériles: crimen éste de esterilidad, que equivale hoy en España a un crimen activo. Así sólo quien necesite comprenderlo lo comprenderá.*

Tiene usted cierta fe en un arquitecto, en un presunto rimador que congregue esos versos sueltos en una labor constructora. Pero vea usted: esos señores han hecho una cosa buena: todo lo bueno —le decía en mi anterior— que puede hacer un irruptor *salvaje: derruir, romper ídolos, labor negativa. Son cerebros hechos para ir del más al menos; hágalos usted moverse del menos al más, ¡cualquier día! Les falta en absoluto esa pequeña, infinitesimal capacidad de renunciamiento, de disciplina, en sentido universal, casi biológico, necesarias para hacer lo que un ser solo no puede hacer. Son pegujaleros intelectuales; no sienten, no ambicionan el hijo de sí mismos. Si hubiera vivido entre ellos Juan Jacobo, no habría imaginado aquella explicación matemática del* contrato social *por una* dejación (c'est à vous) *de partes alícuotas de libertad individual. Por lo tanto, si aquí se ha de hacer algo, lo primero es no contar con esos decadentes. Y es lástima; porque,* in honore veritatis, *tienen cierto valor intelectual, cosa que por acá andaba perdida hace tiempo, mucho tiempo; ¿podría usted decirme cuánto?*

Sólo me queda decirle una cosa, si me perdona usted esta intromisión crítica: Ha aprendido usted de los jesuítas un secreto táctico que ellos aprendieron de las mujeres: el secreto de preocuparse individualmente de los que se les acercan, sabiduría de confesor y de cortesana (parce mihi). *Es usted terrible.*

A Maeztu hace mucho que no le veo; me dicen que está de montreur d'ours, *paseando a Grandmontagne. Este hombre que acaso tenga tan buena fe y tanta honradez anímica como Ramiro, me parece el peor* estratega, *si no existiera Maeztu. Y ya que va de crítica y valoración psicológica, diré a usted que tengo a Ramiro como el hombre más bueno, más de primer movimiento, más sincero, más* niño, *en fin, con menos redroideas de cuantos andan con una pluma en la mano. Ama las cosas tan fuertemente, con tanta inocencia, con tal ardor y olvido de sí mismo y de los demás, con tal desprecio del ridículo, que las estropea, las rompe y las hiere en la matriz. Leyendo las vidas de los grandes hombres, y mejor de sus memorias y* arias, *¿no es verdad que se aprende cierto maquiavelismo o jesuitismo, sabio, alto y humano? Las ciegas* impurezas de la realidad... *Creo que me entiende usted.*

En fin de cuentas, sabe usted es su amigo,

J. O. G.

Bien sé que mi joven amigo José Ortega Gasset no quedará del todo contento de que le publique estas sus dos cartas, pero creo con ello hacerle un gran bien, y hacer otro a la juventud española. La falta de intimidad de nuestro ambiente espiritual es verdaderamente enervadora y sofocante; un falso pudor contiene nuestras más legítimas expansiones. Mucho de la hostilidad que he notado entre los jóvenes hacia otro joven citado en esta carta, Maeztu, ¿no proviene de que éste vive al aire libre, con el alma desnuda a las miradas de todos? Esa falta de intimidad lleva a pobreza de espíritu, y esta pobreza hace que acaben no pocos de nuestros jóvenes por hocicar en el más chinesco casticismo, por preocuparse poco más que de la pureza, armonía y elegancia de la frase castellana. El esteticismo y el de peor ralea es el paradero de tales almas que cierran sus entrañas.

Antes de seguir tengo que protestar de un concepto que en su carta estampaba mi joven amigo, y es lo de que haya yo aprendido de los jesuítas secreto alguno táctico. Ni me han educado jesuítas ni he tenido continuado trato íntimo con ninguno de ellos. A pesar de lo cual estoy harto de oír se me moteje de jesuíta. A lo que suelo contestar: "Es muy posible que vean otros algo de jesuítico en mí, pero ello se deberá a hermandad de origen entre la Compañía y yo, y no a influencia ninguna de ella sobre mí. Y digo hermandad, porque el padre de la Compañía, Íñigo de Loyola, era, como yo, un hijo de la raza vasca, y lo que pueda haber de común entre mi espíritu y el jesuítico será lo que uno y otro tengamos del espíritu vasco."

Por lo demás, apenas necesita comentario la segunda carta de mi joven amigo. Todo lo que en ella se refiere a los instintos destructores de los jóvenes decadentes, me parece de perlas. ¿No será más bien que, así como la busca del ideal une, la rebusca del inmediato mañana desune y desagrega?

Me hallaba preocupado con estas cartas, y deseando darlas a luz, como aquí las doy, comentadas, cuando recibí otra con unos versos de otro joven amigo mío, del poeta Antonio Machado, hermano de Manuel. Los versos de uno y de otro son de lo más espiritual que puede hoy leerse en España. Machado, que creía soñar en la quietud del que duerme, dice que hay que despertar y soñar despierto y obrando.

Hay en su carta pasajes dignos de reproducción. He aquí uno:

No quiero que se me acuse de falta de sinceridad, porque eso sería calumniarme. Soy algo escéptico y me contradigo con frecuencia. ¿Por qué hemos de callarnos nuestras dudas y nuestras vacilaciones? ¿Por qué hemos de aparentar más fe en nuestro pensamiento, o en el ajeno, de la que en realidad tenemos? ¿Por qué la hemos de dar de hombres convencidos antes de estarlo? Yo veo la poesía como un yunque de constante actividad espiritual, no como un taller de fórmulas dogmáticas revestidas de imágenes más o menos brillantes.

Cuando publique mi ensayo sobre la consecuencia, se verá cuán acertadas me parecen estas líneas de Antonio Machado. Y, sobre todo, si un poeta no es un espíritu que vive a nuestros ojos, al que sentimos vivir, es decir, fraguarse día a día su sustancia, ¿qué es un poeta? Y si un joven no es así, ¿qué es juventud?

Sigue Machado:

Pero hoy, después de haber meditado mucho, he llegado a una afirmación: todos nuestros esfuerzos deben tender hacia la luz, hacia la conciencia.

He aquí el pensamiento que debía unirnos a todos. Usted, con golpes de maza, ha roto, no cabe duda, la espesa costra de nuestra vanidad, de nuestra somnolencia. Yo, al menos, sería un ingrato si no reconociera que a usted debo el haber saltado la tapia de mi corral o de mi huerto. Y hoy digo: Es verdad, hay que soñar despierto. No debemos crearnos un mundo aparte en que gozar fantástica y egoísticamente de la contemplación de nosotros mismos; no debemos huir de la vida para forjarnos una vida mejor, que sea estéril para los demás.

La inserto así, hasta en lo que a mí se refiere. ¿Por qué no? No hay más que una humildad verdadera, y es la sinceridad. El que se preocupa de mostrarse humilde o de aparecer modesto, es que alimenta una real soberbia. Lo derecho es dejarse ser como es, es cojer el alma propia y con fuerte brazo tenderla en la plaza pública, a las miradas y a las pisadas de todos los que pasen.

Sigue diciéndome Machado, después de hablar de la sed de misterio:

Nada más disparatado que pensar, como algunos poetas franceses han pensado tal vez que el misterio sea un elemento estético —Mallarmé lo afirma al censurar a los parnasianos por la claridad en las formas—. La belleza no está en el misterio, sino en el deseo de penetrarlo. Pero este camino es muy peligroso y puede llevarnos a hacer el caos en nosotros mismos si no caemos en la vanidad de crear sistemáticamente brumas que, en realidad, no existen, no deben existir.

No deben existir en el campo de batalla, fuera de él, sí; el misterio está más allá de la lucha, y su revelación es el premio de la victoria. Tiempos de lucha son los actuales para nuestra España, y no puede nuestra juventud recojerse a pulir joyas de oribería ni a rebuscar nuevos ritmos. Los nuevos ritmos surgen espontáneamente de la nueva vida; las canciones nuevas se improvisan en la embriaguez del triunfo. Si todos los jóvenes que, mustios y lacios, arrastran sus videzuelas entre envidias y desalientos, se uniesen para la lucha de hoy, surgiría de entre ellos, al punto, el poeta de mañana. La poesía es cogüelmo de acción; es también acción muerta.

Me habla luego Machado de que cree observar en la vida literaria madrileña un esfuerzo hacia la actividad del pensamiento, y que este esfuerzo ha creado una fuerza nueva, que necesita cauce. "Pero el torpe resurgir a la luz de nuestros cerebros adormilados nos hace —dice— mirarnos todavía como enemigos." Y sigue:

Aquí hay una gran inquietud que nos hace ser injustos unos con otros. Nos miramos por dentro, y, al ver nuestros defectos, no tenemos el heroico valor de confesarlo, sino que se lo arrojamos en forma de catilinaria a nuestro vecino. Apenas si surge un adjetivo que no se lo tiren a la cabeza todos a todos, con el santo deseo de descalabrarse. En realidad es que a todos nos duele. Pero en el fondo de esta gran miseria hay algo que nos llevará a todos a unificar nuestros esfuerzos hacia un ideal que está más alto que nuestra vanidad. No cabe duda.

No, no cabe duda. Del fondo de la miseria común es de donde suele surgir el remedio. He ahí un joven que dice de sus compañeros en juventud lo que acaso no hubiera dicho yo, a quien acusan algunos de juzgar muy duramente a los jóvenes. A los jovenes, que son ya lo único que en España me interesa.

Sí, del fondo de la común miseria surgirá el remedio cuando cada cual se persuada de que lo que es mal de todos, lo es de cada uno. En un libro, en torno al cual parece ha hecho el silencio nuestra Prensa, cuando es merecedor de todo elogio, en el libro *Mi rebeldía,* del comandante de Infantería don Ricardo Burguete, he leído esta sentencia, fuertemente sugestiva: "La defensiva es una forma democrática: se confía en el esfuerzo común y éste descansa en el mérito ajeno." Lo cual me hace recordar otra sentencia, ésta de una mujer, la famosa teósofa Mrs. Annie Besant, sentencia que cita James en otra de sus tan doctrinales obras *(The varieties of religious experience)*, y es la que dice así: "Mucha gente desea prospere una buena causa cualquiera, pero muy pocos se cuidan de fomentarla, y muchos menos aún arriesgarían algo en su apoyo." "Alguien tiene que hacerlo, pero ¿por qué yo?", es la muletilla de toda apocada simpatía. "Alguien tiene que hacerlo, ¿por qué no yo?", es la exclamación de algunos serios servidores del hombre, que ansían avanzar a encararse con un deber peligroso. Entre estas dos sentencias median siglos enteros de evolución moral. Locos son, en efecto, los que se deciden a ser los primeros; cada cual quiere que le preceda otro. "El papel de precursor es muy poco grato —me decía un joven amigo mío—, porque luego viene el otro, el *precursado,* y se lo coje todo con sus manos lavadas." Mas yo le dije, y aquí repito, que si los jóvenes todos se dedicaran a precursores del genio, con esperanza en él, pronto brotarían de entre ellos los genios.

Los jóvenes esperan. ¿Qué esperan? Lo que ha de venir. ¿A quién esperan? Al que ha de venir. ¿Y qué es lo que ha de venir y quién vendrá? Nadie lo sabe. ¿Y qué le traerá? Le traerá la esperanza. Porque la esperanza, como la fe, crea su objeto.

Un antiguo apotegma escolástico decía que no puede quererse nada que no se haya conocido antes, *nihil volitum quin praecognitum;* y tal es el principio supremo de todo intelectualismo. Al cual principio debemos oponer, jóvenes, el inverso, y afirmar que no cabe conocer nada que no se haya querido antes, *nihil cognitum quin praevolitum.* El deseo es primero, y su realización después. Y el deseo no surge de inteligencia.

Dice Machado que ansía luz. Es que se está haciendo la luz en sus entrañas, o mejor en sus sotoentrañas espirituales. Es el alba del espíritu. ¿Qué será un alba perpetua? ¿Y qué importa? ¿Hay acaso nada más dulce, nada más fortificante, nada más vivificante que el alba? ¡Hermosa hora aquella en que ve uno nacer su sombra pálida y larga, y al volverse se encuentra con que el sol, cual gigante flor de fuego, brota de tierra! Y, aunque no salga, ¿qué importa?

Nihil cognitum quin praevolitum. No conocerán nuestros jóvenes al Príncipe de juventud en torno al cual se unan para el asalto de la fortaleza que guarda el misterio de mañana, del eterno mañana, mientras no sepan desearlo, mientras no sepan quererlo. El Enviado vino, pero vino al pueblo de Raquel, de aquella Raquel que decía a Jacob, su hombre: "Dame hijos, o si no me muero" *(Génesis,* XXX, 1); y se los dió. El Enviado vino, y vino a las entrañas de la mujer, que dijo al anunciárselo el ángel: "He aquí la criada del Señor; hágase en mí según tu palabra" (*Luc.*, I, 38). También vendrá a España el que nos haga falta, el genio esperado, pero es siempre que los jóvenes lo ansíen, y que, al abrir los ojos a la luz, se diga cada uno de ellos: "¿Seré yo el esperado? ¿Seré yo el que esperamos todos, el que yo espero?" Y si sintiera en sí la comezón de las alas, el empuje de las alturas; si se sintiera crecer y henchirse de ambición sagrada, entonces se llenará, no de soberbia, sino de sumisión perfecta, y, viéndose el servidor de todos, esperará que se haga en él según la esperanza de España, según la esperanza de su juventud, según la esperanza de todos. "Tiene que venir, ¿por qué no he de ser yo?" Sólo el que sienta esto de veras, el que lo sienta y no sólo lo piense, y el que de veras y no por ficción lo sienta, sólo el que sienta eso de veras es joven por juventud inmarchitable.

No mires, joven, tu reflejo en los demás; mira sus reflejos en ti mismo. No te busques desparramado en los otros antes de haber buscado a los demás coyuntados en ti. Si los unes en tu espíritu, sabrás luego unirlos en la vida.

Mayo de 1904.

SOBRE LA FILOSOFÍA ESPAÑOLA

(DIÁLOGO)

A Rafael Urbano, que cree en la filosofía española.

—¡Ése no es más que un plagiario! —dijo.

Y le respondió el otro:

—¿Plagiario? ¡Puede ser! Pero el caso es que tiene talento para plagiar.

—¡Vaya un talento!

—Y no pequeño. Porque cojes a veinte individuos, los encierras en sendos cuartos, con las mismas veinte obras cada uno y con encargo de extractarlas, o más bien, de entresacar lo más notable que contengan ellas; y el uno apenas saca más que las vulgaridades y simplezas, lo que de común tienen todas ellas, mientras que el otro sacará lo más exquisito y original que allí lea, y habrá quien no te dé sino los títulos. Acostumbro juzgar a algunas personas leyendo en los ejemplares mismos en que ellas han leído.

—¿Y cómo?

—Porque las hay que suelen marcar con lápiz rojo o azul los pasajes que más les han llamado la atención, y es curioso observar en qué cosas van a fijarse algunas gentes. Los hay que sólo marcan lo que corrobora y confirma sus propias opiniones, y otros, por el contrario, lo que las contradice. Yo soy de éstos.

—Sí, y algo más; y es que parece te complaces en ir siempre contra la corriente central, contra aquel número de principios y tendencias científicas en que comulgan la mayor parte de los modernos hombres de ciencia, o, si quieres, de los hombres de la moderna ciencia.

—En efecto; la ortodoxia científica me es aún más intolerable que la religiosa, y más insoportables los definidores de laboratorio que los de sacristía. Hay pobres diablos que se imaginan que los que hablamos de Dios y de alma, y de potencias y facultades, ni hemos entendido, si es que los hemos leído, a Wundt, o a Münsterberg, o a Mach, o a Ziehen, o siquiera a Ribot, ni sabemos hacia dónde cae el tálamo óptico o qué cosa sea la historia. Y pudiera muy bien ser que estemos de vuelta mientras ellos van de ida. Y de todas maneras, tengo observado que este intolerante cientificismo prende mejor y arraiga más donde la ciencia arrastra más lánguida vida.

Es natural: a menos pensamiento, pensamiento más tiránico y más absorbente. Es como la soberbia, que aun siendo menor llena más en los espíritus más pequeños.

—Eso sí que no te lo entiendo.

—Pues es bien claro de entender. Si un espíritu tiene una capacidad como cien y la soberbia le ocupa veinticinco, esta soberbia será menor que la de otro espíritu que la tenga por valor de cien; mas si la capacidad de este segundo es de mil, siempre resultará que al primero le ocupa una cuarta parte y al segundo no más que una décima. De aquí lo ridículo de la soberbia de los espíritus pequeños...

—Pero ahora no tratamos de esto, además de parecerme tu comparación geométrica completamente absurda e inadecuada. Lo que te digo es que no puedo resistir a esa nube de importadores de ciencia europea al detalle, de ciencia de fábrica, que ponen el grito en el cielo cuando hay quien trata de traducirla, y no a nuestro lenguaje, sino a nuestro espíritu.

—¿Pero es que crees que la ciencia tiene patria y que puede haber una ciencia española, francesa, italiana, alemana...?

—Yo me entiendo y bailo solo. Sin duda que el álgebra, o la química, o la física, o la fisiología, serán las mismas en todas partes; pero las ciencias sirven para algo más que para hacer progresar las industrias y procurarnos comodidad y ahorro de trabajo; sirven para ayudarnos a hacernos una filosofía, y en cuanto a ésta, cada pueblo saca de las mismas ciencias una filosofía distinta. Como que la filosofía es la visión total del universo y de la vida a través de un temperamento étnico.

—Eso lo dijo ya...

—Sí, no quiero que me llames plagiario; eso lo dijo ya alguien, y sospecho que lo hayan dicho muchos; yo donde lo he leído me parece que es en un polaco: Lutoslawsky. Pero, sea como fuere, me parece ello muy cierto. Y por lo que hace a este nuestro pueblo español, no sé que nadie haya formulado sistemáticamente su filosofía.

—¡Pues la tiene!

—Sin duda, todos los pueblos la tienen, manifiesta o velada. Pero si la tiene, hasta ahora no se nos ha revelado, que yo sepa, sino fragmentariamente, en símbolos, en cantares, en decires, en obras literarias como *La vida es sueño*, o el *Quijote*, o *Las Moradas*, y en pasajeros vislumbres de pensadores aislados. Acaso el mal viene de que antaño la quisieron vaciar en un molde que le venía estrecho, y hoy no se la busca, y si se la busca es a través de unos lentes de prestado.

—Pues yo creo, digas lo que quieras, que si ha de surgir una filosofía española que sea nuestra visión del universo y de la vida y a la vez el fruto de nuestra dolorosa experiencia histórica, sólo será ahitándonos antes de cultura europea, llenándonos de ciencia moderna, de la que llamas, con cierto retintín, ortodoxa, dirigiéndola y asimilándonosla.

—Qué sé yo... Me parece, sí, que debemos traer todo el mayor material científico posible, pero en gran parte en concepto de cascote, para que sirva de balsa de tierra.

—¿Balsa de tierra? ¿Y qué es eso?

—¿No sabes cómo procedían para asentar sus monumentos los constructores babilonios y ninivitas?

—No recuerdo haberlo leído.

—En el Egipto buscaban, como buscamos nosotros, el suelo firme, la roca viva; pero en las grasas llanuras de la Mesopotamia, tierras de aluvión cuyo fondo rocoso estaba muy adentro, renunciaban a alcanzarlo. Apoyábanse sobre el suelo natural, pero interponiendo entre él y el edificio un macizo a modo de zócalo o basamento, una esplanada que repartía sobre una extensa área la carga del edificio. En Corsabad el macizo que sirve de basamento al palacio se eleva a una altura de catorce metros, y no es un simple terraplén, sino verdadera obra de albañilería con cubos de tierra. A esto llamo balsa de tierra, pues cabe decir que están los edificios flotando sobre ella en aquellas grasas llanuras de aluvión. Y eso es lo que me parece debemos hacer con los adobes y sillares de la ciencia europea: irlos poniendo de basamento para levantar sobre ellos el edificio de nuestra filosofía, pero construído éste con materiales propios.

—Me parece que andas en esto equivocado. Mejor que traer todo eso que llamas cascote, e irlo echando así para que sirva de balsa de tierra, como dices, mejor que eso me parece ponernos a cavar en nuestro suelo hasta dar con su roca viva, con el granito del fondo, y luego asentar allí los cimientos, cimientos hechos de este material que nos traen de fuera, y levantar nuestro monumento espiritual.

—Lo que me parece es que uno y otro, según costumbre, hemos venido a dar a discurrir con metáforas.

—Es cierto; es una condenación. Siempre hocicamos en ello.

—Y no te pese, porque el discurrir por metáforas es uno de los más naturales y espontáneos, a la vez que uno de los más filosóficos modos de discurrir. Los que se creen más libres de ellas, andan entre sus mallas enredados. Las más de las palabras son metáforas comprimidas a presión de siglos; esto se ha dicho ya mil veces.

—Pero la labor de la ciencia es precisamente ésa, irnos desembarazando el conocimiento de metáforas para ponérnoslo en contacto con la realidad. Una ciencia es tanto más perfecta cuanto mejor se sujeta a peso, número y medida; toda ciencia verdaderamente tal, tiende a hacerse matemática, a reducir lo cualitativo a cuantitativo, a reducirlo todo a relaciones de espacio, tiempo e intensidad.

—Conozco esa doctrina, que es, por cierto, muy científicamente ortodoxa.

—Por lo cual te repugna.

—Ciertamente que me repugna. Eso es tan malo, si es que no es peor, que la escolástica; aquella hórrida combinatoria de conceptos abstractos, rígidos, cinchados en sus definiciones; aquella filosofía que se hizo para la polémica, para sostener dogmas, y no para la investigación, no para descubrir verdades.

—¿Todavía no has perdido tu horror a la escolástica, a pesar de lo que te dije de ella el otro día?

—Ni lo perderé. Jamás olvidaré los años en que alimentaron mi mente con eso. Me basta una cosa para huir de ella, y es aquello de echar primero la tesis, luego las objeciones y, por último, las pruebas. Eso es abogacía, y nada más que abogacía. Lo científico y lo filosófico es traer los datos e investigar e inducir sobre ellos: si se llega a conclusión, bien; y si no se llega, también. Las más de las veces el progreso está en destruir las conclusiones que dieron otros y plantear de nuevo la cuestión, porque en todo problema lo importante es saber plantearlo. ¿Y qué quieres esperar de los que empiezan por ponerte delante la solución? ¿Qué dirías de quien te presentase el producto y fuera luego a buscar el multiplicador y el multiplicando?

—Pero eso no es, ya te lo dije, más que un modo de exponer, un procedimiento didáctico, porque la verdad se halla de una manera y se trasmite de otra.

—Ahí está el mal; y, además, es algo más que un método de exposición, es mucho más que ello. Créemelo: iban a tiro hecho, a probar tal o cual cosa, a buscar argumentos con que defender y sustentar estos o aquellos dogmas, que creían ser el necesario soporte del orden social y de la felicidad individual. Es una filosofía al servicio de intereses ajenos al puro interés por conocer la verdad, sea la que fuere. ¿No has visto con qué frecuencia echan mano de aquello de las funestas consecuencias de tal o cual principio? Pues bien: aun admitiendo que se sigan esas funestas consecuencias de este o de otro de los principios que combaten esos abogados —y rara vez hay tal seguimiento—, las funestas consecuencias de un principio probarán, a lo sumo, que el principio es funesto, pero no que sea falso. Porque falta probar que lo funesto, eso que llamamos funesto, sea falso.

—Hombre, ellos pretenden haberlo probado.

—Sí, ya lo sé, y me he tomado la molestia de seguir sus razonamientos a tal respecto; pero te aseguro que me convencen tan poco, como todo ese andamiaje que han levantado de lo que llaman pruebas de la existencia de Dios.

—Y, sin embargo, crees en Dios, según te he oído varias veces.

—Pero es a pesar de tales supuestas pruebas, y no merced a ellas. No necesito a Dios para concebir lógicamente el universo, porque lo que no me explico sin Él, tampoco con Él me lo explico. Hace ya años, cuando, por culpa de esa condenada filosofía, chapoteaba yo en el ateísmo teórico, cayó en mis manos cierto libro de Carlos Vogt, en que leí un pasaje que decía, sobre poco más o menos: "Dios es una equis sobre una gran barrera situada en los últimos límites del conocimiento humano; a medida que la ciencia avanza, la barrera se retira." Y recuerdo que escribí al margen estas palabras: "De la barrera acá, todo se explica sin Él; de la barrera allá, ni con Él ni sin Él; Dios, por lo tanto, sobra."

—¿Y hoy?

—Hoy me parece eso que escribí entonces una completa barbaridad. Porque, cierto es, si me dicen de una cosa que es como es porque Dios así lo quiere, no me dicen nada mientras no me digan porque lo quiere Dios así; y en el caso de decirme porque lo quiere Dios así, la razón ésta me basta. Así pensaba entonces, prendido en las redes del esterilizador intelectualismo de la escolástica...

—¿Intelectualismo?

—Intelectualismo, sí. Para aquellas gentes no había más medios de relacionarse con la realidad, de adquirir la verdad, que los medios que se llaman conocitivos; aquello es un horrible intelectualismo. Y mientras no nos sacudamos aquí de él, creo que no tendremos filosofía española.

—¿Y cómo la tendremos?

—Cultivando la voluntad, convenciéndonos de que la fe es obra de la voluntad, y que la fe crea su objeto, así, lo crea...

—¡Qué barbaridad!

—Sí; ya lo sé; ya sé que a nuestros espíritus intelectualizados semejante proposición ha de sonar a estupenda locura, a delirio de mente enferma o a rebuscada paradoja de espíritu que a todo trance busca aparentar originalidad, ya lo sé; pero ¡qué le hemos de hacer!...

—Pero, hombre, eso no puedes sostenerlo en serio. Mira, vamos a cuentas...

—Y a cuentos, si quieres; pero déjame acabar. Aunque más bien que acabar, debemos empezar con otra cosa...

—Pues a este paso...

—Así es la vida, chico; se enredan unas cosas con otras como las cerezas, y nunca se sabe a dónde se ha de ir a parar...

—Pero la lógica...

—La lógica es una servidora de la razón, y la razón una potencia conservadora y seleccionadora. Y, en general, el conocimiento, todo. A la conciencia del hombre apenas llega más que aquello que necesita conocer para vivir, o para sostener, acrecentar e intensificar la vida. Los conocimientos que no resultan útiles han sido eliminados por selección; no tenemos más sentidos que los necesarios. Y puede haber, y de hecho hay, aspectos de la realidad, o más bien realidades, que no conocemos porque su conocimiento no sirve para sostener, acrecentar e intensificar la vida actual.

—No ha mucho que he leído conceptos análogos en una obra sobre la histeria.

—Y en muchas obras puedes leerlos, porque es una verdad que se abre campo y que está preñada de consecuencias. Ya Hamlet se lo dijo a Horacio: hay muchas cosas que no conoce tu filosofía.

—Y esas cosas, que, no sirviéndonos para vivir, se nos han hecho desconocidas y acaso inconocibles, ¿pretendes penetrar en ellas por algún conducto?

—Sí.

—¡Bah, misticismo!

—¡Ya salió la palabreja! Aunque, si he de decirte verdad, hoy es el día en que no sé qué es lo que quiere decirse con esa tan asendereada palabra de misticismo, pues cada uno entiende por ella cosas distintas entre sí. Ahora, si en este caso concreto quieres decir la doctrina de los que creemos que hay más medios de relacionarnos con la realidad que los señalados en los corrientes Manuales de lógica, y que el conocimiento sensitivo ni el racional pueden agotar el campo de lo trascendente, entonces, sí, místico. ¡Mas si con ello quieres decir algo sobrehumano o extrahumano, entonces, no!

—Y si esos medios no son ni los sentidos, ni la razón, ni la conciencia, y no están fuera del hombre, ¿dónde están?

—Dentro de él. *In interiore homine habitat veritas*, dijo San Agustín; y no tuerzas el gesto.

—¿Dentro del hombre?

—Sí, dentro de él. Y pudiera muy bien ser que nuestro pueblo o nuestra casta, poco apta para las ciencias experimentales y las de raciocinio, estuviera mejor dotada que otras para esas intuiciones de lo que llamaré no el sobre-mundo, sino el intramundo, lo de dentro de él...

—Vamos, sí, los numenos, que dijo Kant.

—No; los numenos, no, que eso no es más que antes de razón, y aquí se trata de valores de sentimiento.

—¿Sentimiento?

—Sabía que en esto del sentimiento habrías de tropezar. Y ahora, reanudando el hilo de lo que venía diciéndote, añadiré que si el hombre no posee más sentidos ni potencias que los necesarios para vivir, pudiera muy bien suceder que durmieran en él otros, y que resucitaran un día, cuando satisfecha la vida, la necesidad de la sobre-vida se despertara.

—Recuerda el viejo adagio, *primum vivere, deinde philosophari:* lo primero, vivir; filosofar, después.

—Lo primero, vivir, sí; pero ¿y después de vivir?

—¡Morir!

—No; morir, no, sino sobrevivir. Y si lo que llamamos instinto de conservación, la necesidad de vivir, es lo que ha regido la economía de nuestro conocimiento y nuestra conciencia, dotándonos de aquellos medios y modos de conocer necesarios para mejor asegurar la vida y hacernos más aptos en la lucha por conservarla, a la vez que excluyendo los que a tal fin no conduzcan, el instinto de perpetuación, la necesidad de sobrevivir, puede provocar el desarrollo de gérmenes espirituales, o mejor dicho, la irrupción en la conciencia de todo un fondo subconsciente, que por falta de uso dormita allí.

—Pero eso son delirios, hombre, puros delirios, y dudo que convenzas de ello a nadie. Y, sobre todo, a los que no sienten ese que llamas instinto de perpetuación, o necesidad de sobre-vida.

—Jamás he pretendido enseñar pintura a los ciegos o música a los sordos, y, sin embargo, hay muchas cegueras y muchas sorderas que son curables.

—¡Pues a curarlas!

—¿Y si los ciegos o los sordos ignoran que lo están y se obstinan en no dejarse curar, y dicen aquéllos que todas esas figuras y colores de que hablamos no son más que ilusiones y desvaríos que perturban la sana comprensión de las cosas, y dicen los sordos que el lenguaje y la música no sirven más que para trastornar a las gentes? Hay sordo que asegura que vive muy bien sin oído, y debe de parecerle muy ridículo el que dos hombres se pongan frente a frente y se estén mirándose y moviendo los labios y pretendan que así se entienden.

—¡Siempre las metáforas!

—No hay otro remedio, sobre todo cuando hay que hablar de cosas para cuya expresión no se ha hecho el lenguaje.

—Presumo que te has de encontrar con muchos que te digan que maldito si les ha atormentado nunca ese instinto de perpetuación.

—No son tantos en España.

—¿En España? ¿Y por qué en España?

—Porque eso que tanto se nos ha echado en cara, eso que ha hecho decir que somos un pueblo sombrío y que por mirar al cielo hemos desatendido lo de la tierra, eso que muchos extranjeros llaman nuestro culto a la muerte, no es tal, sino culto a la inmortalidad. Dudo que haya pueblo de tanta vitalidad, que tan agarrado esté a la vida. Y es por agarrarse tanto a ella por lo que no se resigna a soltarla. Abrigo la esperanza de que los españoles, la masa quiero decir, no caerán jamás en la concepción esteticista, en tomar al mundo en espectáculo y procurar divertirse en él lo más posible, viendo desfilar la historia al olvido. Algo que quien yo me sé llamaría materialismo, y que yo, si no rehuyera motes, llamaría sustancialismo, nos lo impide. Lee atentamente *La vida es sueño*, y debajo de esa portentosa revelación de la filosofía española verás la más vigorosa afirmación de la sobre-vida. Al llamar así sueño a la vida, es por creerse en una vigilia, en un despertar; eso que parece una tesis fenomenista o tal vez nihilista, es la tesis más vigorosamente afirmativa de una realidad trascendente. Estamos soñando la vida y viviendo la sobre-vida, créemelo.

—Lo que creo es...

—Que hay que ponerme en cura, ¿no es eso? Y si quieres asistir a un drama tremendo, a una lucha solemne entre los dos mundos que se disputan el dominio de nuestro espíritu; si quieres ver combatir el instinto de conservación con el de perpetuación, o la razón con la fe, lee los sonetos de un hombre extraordinario, que si no fué precisamente español, en el sentido estrechamente geográfico de este vocablo, fué peninsular, portugués; lee los sonetos de Antero de Quental. Hay dos, sobre todo, aquellos dos en que vaticina que llegará a adquirir conciencia todo, las rocas, los árboles... que son admirables.

—Pero todo eso no son más que sueños...

—Con mayor verdad podría decir que todo lo otro no son más que razones.

—De razones vive el hombre.

—Y de sueños sobrevive.

—Pero lo dijo tu evangelista: los sueños, sueños son.

—Sí, es cierto; y las razones son razones, y el tratar así las cosas son palabras nada más.

—Hablando se entienden los hombres.

—O sin hablar.

—Y aun dejando la cosa en cuanto a su mayor o menor racionalidad, o si prefieres su mayor o menor verosimilitud, me parece que una filosofía así como la que sospecho sueñas, habría de incapacitarnos aún más de lo incapacitados que estamos para la moderna lucha por la vida, y que con ella, si por desgracia penetrase en nuestro pueblo de un modo o de otro, habríamos de quedarnos más distanciados aún de lo que lo estamos ahora de los demás pueblos europeos. Las corrientes no van por ahí, y ya nos ha enseñado la historia, con dolorosísima lección, adónde se va a parar metiéndose por semejantes derroteros.

—Pero ¿quién te ha dicho que nos metiésemos nunca muy adentro por derroteros de éstos? ¿De dónde sacáis que el fracaso de España haya sido debido a que sintió con fuerza su pueblo el instinto de perpetuación y procuró satisfacerlo? Sí, tenía su filosofía; pero cuando empezaba a florecer se la ahogaron, se la helaron los definidores, los de la escolástica, los intelectualistas. "¡Hay que ser razonables!", dijeron; y al que se obstinaba en no serlo se le encerraba o amordazaba, y a veces, si era pertinaz, se le achicharraba. Y entonces surgió el pobre Don Quijote, y fué derrotado aquel gran soñador de la vida y gran vividor de la sobre-vida.

—Somos muchos, he de advertírtelo, los que, admirando a Don Quijote y creyendo que hace falta que resucite y vuelva a España, no participamos, sin embargo, de sus delirios respecto a la perpetuación y la sobre-vida.

—Es que no habéis llegado a la raíz del heroísmo quijotesco, y no comprendéis que no caben Quijotes sin anhelo de inmortalidad. Comprendo muy bien que puedan vivir en España personas que, sin sentir ese anhelo o, mejor dicho, ignorando que lo sienten, obren y piensen y sean útiles a sus semejantes; pero si pudiera suceder que desapareciese por completo tal anhelo de la masa de nuestro pueblo, España dejaría de existir, y no para que los españoles entrasen a formar parte de otro pueblo más culto, más rico y más feliz, participando de esa cultura, riqueza y felicidad, ni para entrar en una sociedad más perfecta en que no hubiese ya patrias, sino para caer como esclavos de cualquier otro pueblo que nos explotaría y escarnecería. Lo malo que aquí ha sucedido es que los condenados definidores, al ahogar la parte afirmativa de *La vida es sueño*, dejaron en pie la negativa...

—¿Cómo que la ahogaron? Todo lo contrario. Precisamente los definidores querían hacernos tragar a todos eso de la sobre-vida.

—Sí, con silogismos, que es el mejor modo de oscurecerlo. Y a ello había que ir por los caminos que ellos señalaran, y en fila y llevando el paso al redoble del tambor. Mejor dicho, ni aun había que ir, sino que le llevaban a uno. Porque en vez de haberle dado al pueblo una linterna y dejarle que con ella en la mano se buscase y abriese por sí mismo, guiado por su buen instinto, el camino de eternidad, se le metió en un carro y se le lleva en él a oscuras por sendas que desconoce.

—Linterna..., carro...

—Y así ha perdido el uso de los pies y el sentido de la orientación, y no sabe andar solo. Por falta de uso se le han atrofiado sus profundas facultades, las que le harían comunicarse con el sobre-mundo, y para satisfacerle le dan una sombra de él, algo construído lógicamente por los definidores. Y así han apagado hasta la ambición, aquella hambre de grandezas que ahora, sin vigor para buscarlas en lo por venir, se entretiene en roer los huesos de las que fueron. Y tras esto el desaliento y la falta de fe en sí mismo, de todo lo cual puede ser que nos curen las traducciones de los libros que en su *Biblioteca de filosofía contemporánea* publica la casa Alcan, de París.

—Pero, ¡hombre, qué manía te ha entrado a la filosofía contemporánea de Alcan!...

—¡Ésa es la de ellos..., no la nuestra!

—Pero allí se habla de todo...

—¡Sí, hasta de misticismo... por médicos!

—O no médicos.

—Como si lo fuesen.

—Es que creemos muchos que el estudio del misticismo entra en la patología.

—Y el de la razón, y el de la lógica, y el de todo. Ahora, en cuanto un buen hombre observa que posee otro un órgano o una función que a él le falta, al punto sale con lo de ¡patológico!

—Sin embargo, no puede negarse que hay enfermedades.

—Sin duda, y hasta hay gentes que si se les extirpa un tumor que tuvieran, se enfurecen por ello y protestan de que se les arrancara algo que era suyo, y no cesan de repetir: "Era mío, mío y muy mío; me han quitado violentamente algo que era mío, mío y muy mío." Aquí mismo, en España, hay quienes ponen el grito en el cielo porque dicen que nos han arrebatado algo que era nuestro, nuestro y muy nuestro; y, en cambio, ven que nos están arrebatando a nosotros mismos y se callan.

—Pero esto nada tiene que ver con la patología.

—¡Quién sabe! Todo tiene que ver con todo. Y volviendo a lo de la patología, tendría que ver, si los topos se metiesen a médicos, el estudio que hicieran sobre la curiosa enfermedad de la visión.

—Créeme que es muy sano lo que suele decirse de "lo de Santo Tomás: ver y creer".

—¡En mucho cabe decir la inversa; esto es, creer y ver! Pero esto nos llevaría a examinar lo que sea la creencia y, en realidad de verdad, no es precisamente de creencias de lo que se trata.

—Pues entonces sí que no lo entiendo...

—Tampoco me sorprende, y por ello me parece lo mejor que nos dejemos por ahora de...

—Sí, de *ultratumberías*.

—Como quieras llamarlas, que cada vez hago menos caso de los motes y de las personas que los necesitan para saber si han de admitir o no una cosa. Ultratumberías si quieres, aunque más que de cosas de ultratumba hablaba yo de cosas de intra-vida.

—Hablas de motajos y te burlas de ellos y te enfadas con los que los prodigan, y eres el primero en inventarlos y ponerlos.

—Sí, sólo que yo los invento para llamar a conceptos o sentimientos a los que creo no cuadra ninguno de los nombres consagrados, o que éstos llevan consigo tales asociaciones de ideas que ponen en peligro la pureza e integridad del concepto que trato de establecer. En cambio, esas gentes a que aludes, así que se les presenta una doctrina o un espíritu que no conocían, en seguida se echan a buscar la casilla del casillero que tienen de antemano dispuesto, para ahorrarse discurrir, en dónde han de meterlo. La diferencia está en que yo busco nombres para los conceptos, y ellos buscan meter conceptos en los nombres de su caudal de ellos; yo quiero hacer mi lengua a mi pensamiento, y ellos quieren hacer su pensamiento a la lengua común. Discurren con palabras.

—Todos discurrimos con ellas.

—Pero no con ellas sentimos.

—Es que el sentimiento no cabe en la filosofía.

—¡Gracias a Dios! Ya vinimos a dar al meollo de la cuestión. Precisamente es el sentimiento, lo que a falta de mejor nombre llamamos así, el sentimiento, incluyendo en él el presentimiento, lo que hace las filosofías todas y lo que debe hacer la nuestra.

—¡Pobre filosofía entonces!

—¿Y por qué?

—Porque el sentimiento no es medio de conocer.

—Si quisiera jugar a las antítesis y juegos de ideas, te diría que tampoco el conocimiento es medio de sentir; pero ¿quién te ha dicho que sea el conocimiento el único que nos pone en contacto con la realidad? ¿Quién te ha dicho que no hay cosas que podamos sentir sin conocerlas?

—Me parece que vamos a meternos en un campo de tinieblas donde tropezaremos a cada paso.

—Sí, y por ello es mejor que lo dejemos. Hablemos, pues, de otra cosa; de la labor literaria de Pérez Galdós, si te parece.

Y los dos amigos se pusieron a hablar de la obra literaria de Pérez Galdós.

Junio de 1904.

¡PLENITUD DE PLENITUDES Y TODO PLENITUD!

¡Vanidad de vanidades y todo vanidad!

Eclesiastés, I, 2.

Cuando en el cuerpo, debilitado por alguna dolencia, se bambolea falto de asiento el espíritu, o a raíz de algún fracaso o desengaño se hinche en torno nuestro el Espíritu de la Disolución, acerca su boca a nuestro oído íntimo y nos habla de esta suerte:

"¿Para qué desasosegarse en buscar un nombre y un prestigio, si no has de vivir sino cuatro días sobre la tierra, y la tierra misma no ha de vivir sino cuatro días del curso universal? Día vendrá en que yacerán en igual olvido el nombre de Shakespeare y el del más oscuro aldeano. Ese afán de renombre y ese afán de prepotencia, ¿a qué dicha sustancial conducen?..."

Es inútil continuar, porque la cantinela es de sobra conocida; y como el chirriar del grillo en las noches de estío o el mugido de las olas junto al mar, suena de continuo y sin interrupción a través de la historia. Aunque a las veces lo ahoguen voces más vigorosas y altas, ese canturreo del Espíritu de Disolución es continuo, como el mugir de las ondas del mar junto a las rocas.

Cuando le oigáis a alguno expresarse así, no lo dudéis, soñó alguna vez o acaso sigue soñando con la fama, esa sombra de la inmortalidad. Los hombres enteramente sencillos y de primera intención jamás expresan tales lamentaciones. Las quejas de Job se lanzaron para ser escritas, y fué un escritor el que las lanzó. Han sido siempre poetas, hombres enamorados de la gloria, los que han cantado la vanidad de ella.

Y todo ese cantar fué reducido, siglos hace, a una fuerte sentencia, que como agorero estribillo se hace resonar de vez en cuando sobre nuestras cabezas soñadoras; y la sentencia es ésta: *vanitas vanitatum et omnia vanitas!*, ¡vanidad de vanidades y todo vanidad!

Cuando esta tentación nos venga, opongámosla un conjuro, el conjuro del Espíritu de Creación; y el conjuro es: *plenitudo plenitudinis et omnia plenitudo!*, ¡plenitud de plenitudes y todo plenitud!

Sí; busquéis vuestra alma con los brazos del alma misma y abrazadla y restregaos a su contacto, y sentidla sustancial y caliente, y calentados a su calor exclamad llenos de fe en la vida que no acaba: ¡plenitud de plenitudes y todo plenitud!

Es cosa apenadera, pero muy cierta, sin embargo y por desgracia, que no todos sienten su propio espíritu, que no todos se sienten ser y existir como núcleo de su universo.

Hay lo que llaman los modernos psicólogos la *cenestesia* o sensibilidad común, y no es otra cosa que la sensación general del cuerpo en cuanto distinta de las sensaciones especiales de los sentidos. Es el sentirse uno vivir, respirar, circular la sangre, funcionar los órganos, oscura y vaga sensación resultante de las funciones vitales del organismo, y que algunos suponen la recibe el sistema ganglionar. Hay, en fin, el sentir uno su propio cuerpo y la vida de él. La pérdida o el trastorno de esta cenestesia es efecto y, a la vez, causa de graves dolencias, y hay que buscar ese trastorno en los curiosos casos de doble personalidad y otros análogos.

Y de igual manera eso que se llama conciencia tiene cierto aspecto que en lo espiritual corresponde a lo que es en lo fisiológico, y aun en lo psíquico, la cenestesia.

No sé cómo expresarme al entrar en estos escondrijos y rinconadas de la vida del espíritu, y preveo que han de faltarme palabras adecuadas. Porque no sé cómo decir que al oír cómo se expresan y cómo se conducen muchas gentes he llegado a sospechar que carecen de conciencia refleja, que son a modo de autómatas que nos producen la ilusión de seres vivos, que no sienten, en fin, el peso del propio espíritu ni el contacto de él.

Mala cosa es que al posar uno una mano sobre la pierna ni ésta sienta a aquélla ni aquélla a ésta; pero peor es que al fijar tu atención sobre ti mismo no te *sientas* espiritualmente. Mala cosa es que al recostarte en tierra no sientas a lo largo de tu cuerpo el toque de la tierra, y que ésta es firme y sólida; pero peor es que al recibir en tu espíritu el mundo no sientas el toque del mundo, y que es firme y sólido y pleno, con plenitud de plenitudes y todo plenitud.

Si buscando mi plenitud camino a la prepotencia o a la conquista del renombre, y me viene entonces un prójimo con el estribillo de vanidad de vanidades y todo vanidad, me hago cuenta que oigo el mugir de una onda en el Océano, de una onda pasajera que no es sino forma del palpitar de la corteza de éste. Ese prójimo no se toca al alma con el alma misma, no tiene plena posesión de sí mismo, carece de la intuición de su propia sustancialidad.

Ésta es la palabra más exacta, aunque sobrado abstracta: la intuición de la propia sustancialidad. Para quien llega a ella, de nada sirven los argumentos de los intelectuales, de nada sirven las doctas investigaciones de la psicología.

A quien os hable de su experiencia de la Divinidad, y de que siente y toca y se comunica sustancialmente con Dios, podréis tratarle de loco —que esto siempre nos es permitido como fácil recurso— o de mistificador, pero no podéis irle con el almirez lógico a reducir a polvo las supuestas pruebas de la existencia de Dios. No hace falta probar la existencia de aquello de que se tiene experiencia inmediata, ni es fácil demostrar a un sordo de nacimiento la existencia del sonido.

Si fuera posible un hombre desprovisto desde nacimiento de todo sentido de tacto, ¿cabría demostrarle la corporeidad de las cosas? Todo sería para él como sueño fugitivo. Pero tal hombre es imposible, porque no cabe vivir sin sentido alguno de tacto durante la vida toda. Hay ciegos, sordos, faltos de olfato o de gusto desde nacimiento, y viven; pero no sé de ninguno que falto de todo tacto haya podido vivir.

Y, sin embargo, parece que hay gentes faltas de tacto espiritual, que no sienten la propia sustancia de la conciencia, que se creen sueño de un día, que no comprenden que el más vigoroso tacto espiritual es la necesidad de persistencia, en una forma o en otra, el anhelo de extenderse en tiempo y en espacio.

No se tocan ni se sienten a sí mismos, ni sienten el toque íntimo de su sustancia con la sustancia de las cosas, la sustancialidad de éstas. El mundo es para ellos aparencial o fenoménico. No han logrado que al llegar a ellos las visiones, los sonidos o los toques de las cosas, se les rompa la corteza visual, sonora o táctil, y rompiendo luego la sustancia de esas cosas la corteza del alma, sus sentidos, penetre sustancia a sustancia y baje el mundo a asentarse en las entrañas de sus espíritus. Y este mundo que así baja es el que llamamos el otro mundo, y no es sino la sustancia del que vemos, oímos y tocamos.

Es un mundo misterioso y sagrado, donde nada pasa, sino todo queda; es un mundo en que no hay pasajeras formas de materia y fuerza persistentes, sino que todo lo que ha sido sigue siendo tal como fué, y es como será todo lo que ha de ser. Y ese mundo es el verdadero mundo sustancial.

Lo que llamamos espíritu me parece mucho más material que lo que llamamos materia; a mi alma la siento más de bulto y más sensible que a mi cuerpo. Tu cuerpo puede llegar a parecerte una función de tu alma.

Uno de esos hombres que han perdido el sentimiento de contacto de su propio espíritu, me preguntó una vez: "¿Y en qué va a fundarse la creencia en la propia persistencia inacabable?" Y hube de contestarle: "En que lo quiero, en que quiero persistir." Como buscaba razones, se me quedó mirando extrañado.

Mi voluntad no le parecía suficiente base para una creencia con valor objetivo. Era un hombre de ciencia, eso que llamamos un hombre de ciencia o un hombre científico, y su filosofía, como la de todos los de su especie, culminaba en el ¡vanidad de vanidades y todo vanidad! Por algo el autor mismo de esta sentencia famosa dijo aquello otro de que no es bueno ser sabio en exceso.

¡Plenitud de plenitudes y todo plenitud! A este grito de júbilo y de liberación y de persistencia sólo puede llegarse abrazándose la propia alma con los propios brazos de ella, y sintiéndola espiritualmente material, a través de las burlas de unos, de los rencores de otros, de los desprecios de éstos, de las envidias de aquéllos y de la indiferencia de los más.

"Ama a tu prójimo como a ti mismo", se nos dijo, y no "ámate a ti mismo", suponiendo que esto no es menester decírselo a nadie, sino que todos nos amamos a nosotros mismos, y no es, sin embargo, siempre así. Para muchos la buena nueva es ésta: "¡Ámate a ti mismo!"

¿Y cuál es la razón de que amemos tan poco al prójimo? Lo que voy a decir parecerá a muchos el colmo de la paradoja, el ya no más del conceptismo, y no obstante, arrostrando falsas interpretaciones, he de decirlo: no amamos más a nuestros prójimos porque no creemos más en su existencia sustancial. Si supiéramos ahondar en las propias entrañas espirituales, llegaríamos a comprender que apenas creemos en la verdadera existencia de nuestros prójimos, en que tengan un interior espiritual. Cuando se oye llorar a un niño, el lloriqueo nos molesta, pero apenas lo distinguimos del que produciría un muñeco perfectamente insensible, al que se le diese cuerda para que llorara por máquina. "De las muestras de dolor que dé uno —me decía una vez un amigo— no vayas a deducir que le duela tanto como cuando tú das iguales muestras; no todos están hechos lo mismo." Y un médico me ha asegurado que los gritos desgarradores que lanzan algunos niños en ciertas graves inflamaciones de las envolturas de los sesos, son gritos de esos que llaman reflejos y no van acompañados de dolor. El de los padres es grandísimo; pero es que la sustancia del hijo es de la sustancia del padre y se comunican alma a alma.

Es evidente que una ligera molestia propia, un leve dolor de muelas, nos duele más que el espectáculo de un terrible dolor ajeno, como nos incita más el propio apetito de una golosina que no el pensar en el hambre del prójimo. Y esta falta de imaginación, que es la facultad más sustancial, la que mete a la sustancia de nuestro espíritu en la sustancia del espíritu de las cosas y de los prójimos, esta falta de imaginación es la fuente de la falta de caridad y de amor.

Pero hay algo más hondo aún y que parecerá más absurdo a muchos, y es que no creemos en la existencia de nuestros prójimos porque no creemos en nuestra propia existencia, en la existencia sustancial quiero decir. Hasta muchos de los que más aseguran creer en ella porque es dogma del credo que se les impuso y acatan, hasta los más de éstos no creen, en realidad, en ello. O si creen, piensan, hablan y obran en lo demás como si no lo creyesen.

¿Cómo un hombre que crea de veras en su propia existencia va a no intentar sellarla en todo, y ligarla a todo y a todo comunicarla? ¿Cómo un hombre que crea de veras en su propia existencia va a creer en su propia muerte, en su muerte existencial? Porque en la aparencial nos fuerza a creer el mundo aparencial que nos rodea.

Pero el Espíritu de Disolución, blandiendo su empresa de "vanidad de vanidades y todo vanidad", vuelve a la carga y nos dice: "Pues si no has de morirte del todo y has de persistir sustancialmente, puesto que tal es tu fe y no te rindes a la razón, ¿para qué quieres dejar nombre? Si te vas con tu sustancia, ¿para qué quieres dejar su sombra?" No le hagas caso y sigue tu tiro. Ese anhelo de dejar rastro de ti es natural floración de la fe en la propia existencia y la mantiene. Nada natural debe podarse del espíritu. Todo el que de veras cree en su propia existencia, anhela sellar con ella las existencias de los demás. Y además, ¿quién sabe si no la recogeremos y redondearemos un día con los frutos de sus rastros? Pudiera muy bien suceder que se reconstruya nuestra personalidad con las memorias que de ella queden.

Hubo un Shakespeare existencial, o quienquiera que fuese el autor de los dramas que llevan su nombre, y se derramó en ellos y en ellos perdura. Cada uno de los que los leen en el curso de los siglos y en la amplitud toda de la tierra, recibe en sí el alma de Shakespeare, siquiera en embrión u oscura simiente; y si todos los hombres que la han recibido y todos los que hoy la reciben se fundieran en uno y de las almas de todos se hiciese un alma sola, el alma de la humanidad, resurgiría en ella, completado y trasfigurado, el Shakespeare que fué. Y este nuevo Shakespeare, este Shakespeare que ha vivido por sus obras en las mentes y en los corazones de cadenas de hombres en los más varios países, iría a animar y llenar la sustancia del Shakespeare que fué y es. Vive cada uno en su descendencia, en todos y en cada uno de los que derivan de él según la carne, y vive también en todos y en cada uno de los que reciben los efluvios de su espíritu. Te trasmites todo y entero en todas y en cada una de tus obras y de tus acciones; en un gesto tuyo va tu espíritu completo. Y por eso puedes repetir del más pequeño de tus actos, de la más ligera de tus palabras, que es plenitud de plenitudes y todo plenitud.

Hay algo más. Un famoso escritor alemán emprendió cuando frisaba en los ochenta años una obra de largo aliento, anunciándola. Juzgaron muchos por el anuncio que la tal obra le pediría lo menos una docena de años de trabajo, y hubo quien le llamó la atención sobre ello. Y vino a decir: "Qué, ¿les sorprende que a mi edad inicie una obra que ha de durar hasta que llegue a los noventa? Bah, ¡yo les digo que he de vivir hasta acabarla!" Y vivió. Y comentándolo, unos decían que la vigorosa tensión que ponía en su trabajo le mantuvo en vida hasta pasar de esa tan cumplida edad, y no se murió antes porque quiso no morirse, sino vivir para una obra; y otros decían que fué el sentirse vivaz la oscura conciencia de un copioso repuesto de vida, lo que le movió a emprender a tan avanzada edad obra de tanto aliento. Sentíase joven por dentro. Y del mismo modo, la robusta fe en la propia existencia sustancial es la que nos mueve a irla sellando en todas partes y a todas horas y a dejar nombre y memoria de nosotros en dondequiera y cuando quiera.

El perfecto equilibrio entre el espíritu y el mundo es imposible; siempre sobra mundo para nuestro espíritu, o nos sobra espíritu para el mundo; siempre sobrepuja nuestra vitalidad espiritual a la necesaria para mantenernos o queda por debajo de ella. Y así, o la tenemos para verterla o vamos languideciendo; o tiramos al todo, o tiramos a la nada. Cuando alguien desea pasar sin ruido y sin ser notado, y no predominar en nada, y hasta le es gravoso el ocupar el hueco espiritual que ocupa y quisiera acaso disolverse, es que su vitalidad espiritual es menguante, es que la desasimilación de su espíritu excede a la nutrición del mismo, es que declina, es que tiende a la nada. Tiende a la nada y se enamora de su propia dolencia, como aquellos enfermos crónicos que acaban por encariñarse de la propia enfermedad y gustar la voluptuosidad de la disolución.

¿Y qué mal hay en ello? —se me dirá—. ¿Qué mal hay en que se deleite uno en el propio derretimiento? Yo sólo sé que me aterra semejante deleite, y no discurro más.

Concibo que pueda vivir y hasta obrar obras de valer un hombre que crea en su propio derretimiento, que no crea en su propia existencia sustancial; pero no concibo un pueblo entero en que semejante ánimo sea el dominante. Un pueblo así, un pueblo de esclavos.

Y el Espíritu de Disolución vuelve y dice: "¡Un pueblo de esclavos!, ¿y qué más da?, ¿qué más da, si es tan feliz como un pueblo de libres y más que un pueblo de tiranos?" ¡Qué más da!, ¡qué más da! He aquí una frase mucho más terrible que el vanidad de vanidades y todo vanidad. El "¿qué más da?" es la agorera enseña de los que buscan la razón de la razón y la razón de esta segunda razón, y así en inacabable rosario de razones. sin llegar nunca, ¡claro está!, a la primera. Y es natural que no lleguen a ella, porque no hay ni puede haber razón alguna primera y suprema de las cosas; es imposible en sí un primer por qué.

Y si no, decidme: ¿por qué ha de haber mundo, y no que más bien no hubiera ni mundo ni nada? La existencia no tiene razón de ser, porque está sobre todas las razones. Los que fundan la razón de la existencia en un Ser Supremo absoluto, infinito y eterno, se mueven en una petición de principio, en un enorme círculo vicioso. Porque dicen que el mundo existe porque lo está creando un Dios, e infieren que existe un Dios —sea cual fuere el concepto que de Éste se forme— para explicarse la existencia del mundo, y así existe mundo porque existe Dios, y existe Dios porque existe un mundo. Y siempre cabe preguntarles: "¿y qué necesidad había de que existan ni mundo ni Dios ni nada?" Y por este camino se llega siempre al vértigo y al absurdo. Y al vértigo y al absurdo se llega por el "¿qué más da?" Y no se llega a ellos afirmando con la voluntad que el mundo existe para que exista yo, y yo existo para que exista el mundo, y que yo debo recibir su sello y darle el mío, y perpetuarse él en mí y yo en él.

Y sólo sintiendo así se siente uno vivir en una creación continua, y en vez de repetir con el de ¡vanidad de vanidades y todo vanidad! que no hay nada nuevo bajo el sol —*nihil novum sub sole*—, sacaremos del ¡plenitud de plenitudes y todo plenitud! que todo es nuevo bajo el sol —*omnia nova sub sole*— y cada momento de una visión una visión nueva.

Y aquí vuelven los razonadores, instigados por el Espíritu de Disolución, y dicen: "Las posiciones absolutas se confunden todas; lo mismo es decir que todo es libre como decir que no lo es nada; lo mismo da afirmar que todo es Dios como que no le hay; lo mismo da decir que todo es bueno como que todo es malo; que todo es objetivo como que todo es subjetivo, y todo por el estilo. Al que asegure que este mundo es el peor de todos los posibles y al que sostenga que es el mejor de ellos, puede decírseles igualmente que, siendo el único posible, por ser el único que hay, es a la vez el peor y el mejor de todos los posibles. Todo es espíritu equivale a decir que todo es materia. No hay más sutil manera de negar el milagro y el misterio que afirmar que todo cuanto sucede es milagroso, y es misterioso todo cuanto existe. Son juegos de palabras, y nada más, como si preguntáramos qué sucedería del universo si se volviese todo él de arriba abajo. Si nos imaginamos no más que dos puntos en el espacio y se acercan, no tiene sentido alguno el querer averiguar si uno de ellos está quieto y otro se mueve hacia él, y cuál es inmóvil y cuál el móvil, o si los dos se mueven el uno hacia el otro; en el fondo es inconcebible lo de los dos solos puntos. Y así con todo lo absoluto. Lo mismo da, pues, decir que es vanidad de vanidades y todo vanidad, y que nada hay nuevo bajo el sol, como decir plenitud de plenitudes y todo plenitud, y que es todo nuevo bajo el sol.

Así sería, en efecto, si las palabras no expresaran más que razones y si fuese verdad que la proposición verbal no es más que la manifestación oral de un juicio. Pero aunque intelectualmente veamos lo mismo el mundo los que dicen que nada hay en él de nuevo y los que decimos que todo es nuevo en él, lo sentimos de muy distinta manera. Si me pongo a disertar acerca de los conceptos de sustancia y de accidente, y de número y fenómeno y de existencia y apariencia con uno de los de vanidad de vanidades, llegaremos a ponernos racionalmente de acuerdo; y, sin embargo, yo sentiré la sustancialidad de mi existencia y él la accidentalidad de su apariencia. Llegaremos a hablar el mismo lenguaje, porque éste no es suyo ni mío; nos entenderemos, pero no comulgaremos en un mismo sentimiento. Puedes darme el tono y la intensidad con que en ti vibra el mundo, la nota que en tu corazón resuena; pero no puedes darme el timbre con que los recibes, que es tu propio timbre. Y si me lo trasmites, es por emoción estética, es por obra de arte.

Si un hombre estuviese constantemente rodeado por un fanal rojo y otro por un fanal azul, y pudiesen comunicarse, es claro que se pondrían de acuerdo respecto a los colores de las cosas, y los dos llamarían a cada color con el mismo nombre, pues todos se les trasformarían en coordinación, y acaso creyeran que veían el mundo lo mismo. Sus respectivas posiciones respecto a la visión de los colores, por ser ambas absolutas, borraban toda diferencia. Pero los colores no son sólo elementos de la visión, sino que la luz de cada uno de ellos influye químicamente, y de distinto modo cada una, en el organismo, siendo el rojo el color más dinamogénico o que excita el organismo, y deprimiéndolo el azul. Y así, aunque los dos hombres del supuesto coincidieran en su modo de explicarse el mundo, su energía vital resultaría modificada de muy distinto modo. La sentencia del "vanidad de vanidades y todo vanidad" es sentencia azul, y la de "plenitud de plenitudes y todo plenitud" lo es roja.

El poeta es el que nos da todo un mundo personalizado, el mundo entero hecho hombre, el verbo hecho mundo; el filósofo sólo nos da algo de esto en cuanto tenga de poeta, pues fuera de ello no discurre él, sino que discurren en él sus razones o, mejor, sus palabras. Un sistema filosófico, si se le quita lo que tiene de poema, no es más que un desarrollo puramente verbal; lo más de la metafísica no es sino metalógica, tomando lógica en el sentido que se deriva de *logos*, palabra. Suele ser un concierto de etimologías. Y hasta tal punto es esto así, que cabe sostener que hay tantas filosofías como idiomas y tantas variantes de éstas como dialectos, incluso lo que podemos llamar el dialecto individual. Si hay una filosofía alemana, no es más que la filosofía del idioma alemán, y así con las demás. La lengua francesa es la que explica a Descartes.

Y es ello natural. Cada pueblo ha ido asentando en su lenguaje su concepción abstracta del mundo y de la vida, y en la extensión y comprensión que da a cada vocablo va implícita su filosofía. En la etimología de *concipere* y de *comprehendere* y de *intendere* y de *intelligere*, y luego en la de *substantia* y *acidens* y *existere* y en la de mil otros vocablos, va la filosofía escolástica toda. El filósofo no hace sino sacar del lenguaje lo que el pueblo todo había metido en él durante siglos. Y por ello, a poco afinar se llega a convertir en tautologías los axiomas filosóficos.

Pero el filósofo no da el grito con que se pronunciaron las palabras ni el gesto que las acompañó; el filósofo no puede dar la sustancia de la palabra ¡tierra! cual la rindieron desde lo hondo del pecho los compañeros de Colón al columbrar el Nuevo Mundo. Ni puede el filósofo expresar lo que hay en mí cuando al abrazar con los brazos de mi espíritu a mi propio espíritu siento en silencio, más que lo expreso con palabras, algo que puede traducirse vagamente exclamando: ¡alma mía! Ni puede el filósofo decir lo que es de mí y lo que yo soy cuando después de haberme puesto de acuerdo racionalmente con el heraldo del vanidad de vanidades y todo vanidad, se recoge mi alma y reza: ¡plenitud de plenitudes y todo plenitud! Porque esto es una jaculatoria y no una proposición lógica; es un estrumpido de mi espíritu y no una expresión de mi inteligencia.

Pero viene el poeta, es decir, el vidente y no el coplero, y en prosa o verso exhala en palabras su espíritu, y dice, como Calderón, que la vida es sueño, o, como Shakespeare, que estamos hechos de la madera de los sueños y rodeada nuestra pequeña vida por la muerte, y en estas palabras tenemos revelaciones sustanciales. Las palabras de Shakespeare son la forma suprema de la revelación terrible del Espíritu Disolvente. Son más terribles aún que las de Calderón, pues éste sólo proclama sueño a nuestra vida, y no a nosotros, que la soñamos o vivimos, mientras aquél nos dice que estamos nosotros mismos hechos de sustancia de sueños. O que ¿no será la madera de que los sueños están hechos de madera sustancial o persistente? ¿No podremos decir que los sueños están hechos de la misma madera que tocamos y sentimos en nuestras entrañas espirituales?

Esa concepción o, mejor dicho, ese sentimiento hipnótico del mundo y de la vida, nos lleva a adoptar frente al mundo una posición estética, a tomarlo como espectáculo. Fué la posición dominante en la intelectualidad griega desde los tiempos de los poemas homéricos hasta los comienzos de la cristianización, y aun después. En la *Odisea* se dice que los dioses traman y cumplen la destrucción de los mortales para que los venideros tengan algo que cantar, y más de diez siglos después dice el libro de los *Hechos de los Apóstoles,* en el versillo 21 de su capítulo XVII, que los atenienses y sus huéspedes extranjeros no pasaban el tiempo sino en decir y oír novedades. Y siglos más tarde, nuestro viejo *Cantar de myo Cid*, versos 343 y 344, hablando de la vida de Cristo, le dice al mismo:

Por tierra andidiste XXXII años, Señor spirital,
Mostrando los miraclos, por en auemos que fablar.

Es decir, que los milagros del Cristo sirvieron para que hablasen de ellos e hiciesen con ellos cantares los cantores y juglares de nuestra pintoresca Edad Media. Y ya en nuestros días viene el gran pontífice del intelectualismo estilicista, Ernesto Renán, y nos dice que este universo es un espectáculo que Dios se da a sí mismo, recomendándonos que sirvamos las intenciones del gran corega contribuyendo a hacer el espectáculo lo más brillante y lo más variado que sea posible. Filosofía de sonámbulos que no sienten su propio peso espiritual.

Frente a ella se alza el temple verdaderamente religioso, que por boca de Pablo de Tarso nos dice: "Si no hay resurrección de muertos, Cristo tampoco resucitó, y si Cristo no resucitó, vana es nuestra predicación, vana es también nuestra fe." (I *Cor.* XV, 13 y 14.) Y al oír esto de vencer a la muerte y resucitar los muertos, los estetas todos, los intelectuales que creen que los dioses traman las calamidades humanas para que tengan algo que contar los venideros, hacen lo que dice el libro de los *Hechos de los Apóstoles* (XVII, 32) hicieron los atenienses, charladores de novedades, cuando Pablo llegó a hablarles de resurrección de muertos, y es que unos se burlaban y otros decían: "Te oiremos acerca de esto otra vez."

La fe en la resurrección, es decir, en la inmortalidad del Cristo, que es el núcleo, como fué la semilla, del cristianismo, ha sido para los cristianos, háyanlo sabido o no éstos, el sostén de la fe en su propia inmortalidad, manantial de la vida íntima del espíritu. Y así pudo decir Atanasio que Cristo había deificado a los hombres (θεοποιεῖν), que los había hecho dioses. Perdida esa fe, toda religión, y en especial toda religión cristiana, se derrumba, quedando en su lugar una filosofía o una estética de la religión, cuando no una institución de enervadora pedagogía social. No puede matarse, sin matar las raíces de la verdadera vida con ella, el vivificante manantial de las supremas inquietudes del espíritu, la sed del más allá.

Si la religión no se funda en el íntimo sentimiento de la propia sustancialidad y de la perpetuación de la propia sustancia, entonces no es tal religión. Será una filosofía de una religión, pero religión, no. La fe en Dios arranca de la fe en nuestra propia existencia sustancial; para explicar las apariencias basta un Dios aparencial, quiero decir que sobra todo Dios. Lo que no se explica sin Él, tampoco con Él se explica, pues tomándolo como Razón Suprema necesita a su vez ser explicado. Nada más vano que el Dios que se cierne sobre el vanidad de vanidades y todo vanidad; nada más caduco que el Dios de un universo bajo cuyo sol no haya nada nuevo. Si existe un Dios, es la plenitud de plenitudes de que todos participamos y en que comulgamos todos; si existe un Dios, es el Querer, que hace que sea todo nuevo en cada momento de su existencia. Si existe un Dios, es el Querer, que quiere perpetuarse en el universo y manifestarse en él. Y nuestra vida, ¿en qué ha de estribar?

"Ni del sabio ni del necio habrá memoria para siempre, pues en los días venideros todo será olvidado, y morirá el sabio como el necio. Aborrecí, por tanto, la vida, porque la obra que se hace debajo del sol me hastía, por cuanto todo es vanidad y aflicción de espíritu." (*Eclesiastés*, I, 16 y 17.) ¡Cállate, Predicador hastiado y hastioso, hijo de David, rey de Jerusalén!, ¡cállate! Habrá memoria del sabio y del necio, porque nada pasa sin dejar rastro de sí, sino que todo reposa, en una o en otra forma, en las entrañas del universo; y cuando éste reciba la suprema sacudida, resonará toda nota que duerme hace siglos de siglos en sus cuerdas más íntimas y entrañadas; en los días venideros, después del después y en el mañana del mañana, será todo recordado y vivirá el necio como el sabio, aunque vida de necio y no de sabio. Y por esto debemos amar la vida, Predicador hastiado y hastioso, hijo de David, rey de Jerusalén, y nos debe henchir de alegría y de esperanza la obra que se hace debajo del sol, porque todo es plenitud y gozo de espíritu.

La voz del Predicador, hijo de David, rey de Jerusalén, ha hallado muchos ecos en la historia y muchos han cantado de acorde con ella. Entre tantos hay uno, un poeta filósofo, cuyos cantos resuenan lúgubres en la dulce lengua portuguesa. Es Antero de Quental, cuya fama fué tablado de la tragedia humana. Oídle cantar la redención en su *Redempção:*

Vozes do mar, das arvores, do vento!
quando as vezes n'um sonho doloroso,
me embala o vosso canto poderoso,
eu julgo igual ao meu vosso tormento...
Verbo crepuscular e intimo alento
das cousas mudas, psalmo mysterioso,
não serás tu, queixume vaporoso,
o suspiro do mundo e o seu lamento?
Um espiritu habita a immensidade:
uma ancia cruel de liberdade
agita e abala as formas fugitivas,
e eu comprehendo a vossa lingua extranha,
vozes do mar, da selva, da montanha...
Almas irmans da minha, almas captivas!

Não choreis, ventos, arvores e mares
côro antigo de vozes rumorosas,
das vozes primitivas, dolorosas
como um pranto de larvas tumulares...

Da sombra das visões crepusculares
rompendo, um dia, surgireis radiosas,
d'esse sonho e essas ancias affrontosas,
que exprimen vossas queixas singulares...
Almas no limbo ainda da existencia,
accordareis um dia na Consciencia,
e pairando, ja puro pensamento
vereis as Formas, filhas da Illusão
cahir desfeitas, como un sonho vão...
E acabará por fim vosso tormento.

El poeta partió del vanidad de vanidades y todo vanidad del Predicador, hijo de David, rey de Jerusalén; y luego de llegar, por tal camino, a sentir la redención del universo todo, y que todo despertará un día en la Conciencia, descansa, al cabo de una trágica vida, su corazón,

Na mão de Deus, na sua mão direita

y puede decirle:

Dorme o teu somno coração liberto,
dorme na mão de Deus eternamente!

Eternamente no, poeta, sino hasta que despierte en la redención del universo. Por algo tú, Antero, que sufriste como han sufrido pocos la vanidad de todo lo aparencial, llegaste, por el camino de la amargura, a contemplar desde tu crucifixión suprema el despertar en la Conciencia de todo lo que fué, llegaste a la plenitud de plenitudes y todo plenitud cuando tu corazón durmió su sueño eterno en la mano de Dios, en su derecha mano.

Agosto de 1904.

EL PERFECTO PESCADOR DE CAÑA

(DESPUÉS DE LEER A WALTON)

En uno de mis poetas favoritos, el dulcísimo Wordsworth, leí hace ya tiempo un soneto, que lleva este título: *Escrito en una hoja en blanco de "El perfecto pescador de caña"*. El soneto, traducido del inglés a la letra, dice así:

"Mientras se presten los corrientes ríos a un inocente deporte, vivirá el nombre de Walton; sabio benigno, cuya pluma, al esclarecernos los misterios de la caña y el torzal, nos exhortó, no sin fruto, a escuchar reverentemente cada revelación que la naturaleza pronuncie desde su rural santuario. Dulce, noblemente versado en sencilla disciplina, el más largo día de verano le resultó demasiado corto para su favorito entretenimiento, disfrutado junto al espadañoso Lee o al pie de los tentadores laberintos del arroyo de Shawford. Más hermosos que la vida misma, en este dulce libro, los macizos de primaveras y el sombroso sauce, y los frescos prados, donde fluía de cada rincón de su henchido seno alegre piedad."

Al leer en Wordsworth tales palabras —y palabras rimadas—, como ofrenda de gratitud por el bien espiritual recibido de la lectura de un libro, y que este libro se intitulase *El perfecto pescador de caña*, lo primero que se me ocurrió fué coger mis cuartillas de *Legenda aut adquirenda*, e inscribir en ellas el nombre del autor: Walton, y el de su obra: *The compleat Angler*, esto es, *El perfecto pescador de caña.*

Y debo aquí hacer constar que en mi vida he pescado a la caña, ignorando, por consiguiente, si es deporte que me haya de gustar o no, aunque sí gusto, cuando voy en mis paseos siguiendo las apacibles orillas del Tormes, de detenerme junto a los que en ellas pescan a la caña, aun a riesgo de distraerlos y que pierdan de vista al corcho, y gusto aún más de los macizos de primaveras, de los sombrosos sauces y de las frescas riberas. Tomé, pues, nota del dulce libro —*sweet book* lo llama Wordsworth— del pescador Walton, y esperé, ya que es la paciencia la virtud no sólo de los pescadores de caña, sino de todos los que, fija la vista en uno u otro corcho flotante, aguardamos a que algún regalo pique.

Con el correr de las horas, los días y los años, fuí olvidando a Walton, y habríase quedado allá, perdido su nombre entre los muchos que figuran en las cuartillas donde asiento lo que me propongo leer o comprar, si la providencia divina no me hubiese deparado a un joven estudiante inglés, Mr. Royall Tyler, que parece vino de su patria a esta dorada Salamanca en que vivo y donde corre el Tormes a traerme no pocas nuevas y obsequios del espíritu, y entre ellos al conocimiento de *El perfecto pescador de caña,* de Isaac Walton.

Por este mi nuevo amigo, el estudiante inglés, pude enterarme de que es la obra de Walton estimada como clásica en Inglaterra, y que, como sucede con lo más de lo clásico, se habla de ella mucho más que se la lee. Mi amigo la ha leído y releído y vuelto a leer, y se la sabe poco menos que de memoria. Le atrae a ella, entre otras cosas, la especialísima pureza y dulzura del lenguaje en que está escrita. Me prestó el librito —de una edición muy linda, por cierto— y pude, al fin, leerlo.

Isaac Walton nació en 1593 y murió en 1683, según reza la portada del ejemplar que he leído de su *Perfecto pescador de caña,* añadiéndose en ella que publicó su obra por primera vez en 1653, siguiéndose otras cuatro ediciones en 1655, 1661, 1668 y 1676, durante la vida del autor. Después se han seguido muchas más. La primera edición, la de 1653, se titulaba *The / compleat Angler / or the / Contemplative Man's / Recreation. Being a Discourse of Fish and Fishing / Not unworthy the perusal of most Anglers. / Simon Peter said, I go a'fishing: and they said, We / also will go with thee. John 21.3 / London, Printed by T. Maxey for Rich. Marriot, in / S. Dunstans Churchyard, Fleetstreet, 1653.* O lo que es lo mismo: "El perfecto pescador de caña o el Recreo del hombre contemplativo. Discurso sobre los peces y la pesca, no indigno de que lo lean los más de los pescadores de caña. Díceles Simón Pedro: A pescar voy; y ellos le dijeron: También nosotros vamos contigo. Juan 21.3. Londres. Impreso por T. Maxey para Ric. Marriot en Dunstans Churchyard, Fleetstreet, 1653."

Ya en la portada misma de su obra, en su título, introdujo el religioso y dulce Walton una sentencia evangélica, y sentencia tan significativa como la de: "¡A pescar voy! También nosotros vamos contigo." Se mete uno luego por las apacibles y tranquilas páginas del librito y ¡qué calma tan sedante, qué reposo se exhala de ellas! Lástima que lo haya leído en este invernizo febrero sin esperar a hacerlo en la ya bien entrada primavera o en el verano, a la sombra de un sauce o de un negrillo, y a la orilla del Tormes.

Walton discurre acerca del arte de pescar a la caña —*angling*— en diálogos que supone duran cinco días, diálogos en que los dos principales interlocutores son el maestro Piscator y su discípulo —*scholar*— Venator, interviniendo también en ellos Arceps, un cazador, una pupilera, una lechera, Maudlin, o sea, Magdalenita, Pedro y Coridón; pero por lo común no hablan más que el maestro y su discípudo. Discurren acerca de la pesca a la caña y de los peces, truchas, barbos, salmones, tencas, etc., que con ella pueden lograrse, y de sus costumbres y maneras de vivir. Y a modo de distracción se introducen, ya reflexiones sobre el arte y sus encantos, ya poesías y versos que se refieran a él o al campo.

Digo el arte de la pesca a la caña, y arte, en su más elevada acepción, lo estima Walton, porque "el pescar a la caña es algo como la poesía, para la cual hay que nacer, quiero decir —añade— con inclinaciones a ellas, aunque puedan luego realzarse ambas artes con discurso y práctica; pero el que espera llegar a ser un buen pescador no debe sólo criar un ingenio inquisitivo, curioso y observador, sino que ha de criar además una buena medida de esperanza y paciencia, y amor y propensión al arte por sí mismo, pues una vez que lo ha logrado y practicado no dude sino que la pesca a la caña le resultará tan grata que habrá de resultarle ser, como la virtud, recompensa de sí misma". He aquí la doctrina del arte por el arte predicada por un clásico pescador de caña, y tan grande artista que la predica en el más dulce y musical inglés. Ya él lo sabía bien, pues Venator, el discípulo, dice una vez, en el primer día, a Piscator, el maestro, que su discurso, el de aquél, le parece música y le enhechiza la atención —*your discourse seems to be musick, and charms me to an attention.*

Y esta fe en sí mismo, o lo que es igual, en la dulcedumbre y musicalidad de su discurso, esta fe en sí mismo, ¿de dónde sino de su vida contemplativa de pescador de caña pudo cobrarla Isaac Walton?

Walton amaba la música, y al final de su diálogo del día cuarto incluye versos, los unos de Mr. Edmund Waller, en elogio de ella. El espíritu mismo de Walton es un espíritu musical, y el ritmo de su lenguaje y estilo obedece al ritmo de sus sentimientos. Porque de nada sirve querer cambiar los ritmos de la palabra, sea en prosa, sea más bien en verso, si continúa lo mismo el ritmo interior, el del flujo y reflujo del espíritu. A los latidos del corazón obedecen las cadencias de la voz, y el corazón de Walton, más bien que latir, fluía como las aguas mansas de los ríos en que vertió su arte. Así fluye su estilo.

¿Y cómo no había de amar la música un espíritu contemplativo que se apacentó en la visión de tranquilas riberas, ya que es el paisaje en el reino de las formas visibles lo que la música en el reino de los sonidos? Un paisaje es una sinfonía, a que concurren agua y tierra y aire y hasta fuego.

Trata Walton de aquella discusión de si la felicidad del hombre en este mundo ha de consistir antes en la contemplación o en la acción más bien. Y después de exponer Piscator, el maestro, que algunos se han pronunciado por aquélla, por la contemplación, diciendo que los mortales son tanto más felices cuanto más se acercan en imitar a Dios, y que Dios se recrea en sí mismo contemplando su propia infinitud, eternidad, poder, bondad y lo demás, y que por tal razón muchos enclaustrados de gran saber y devoción prefieren la contemplación a la acción, y muchos santos padres parecen aprobar esto, como aparece en sus comentarios a las palabras del Salvador a Marta; después de esto expone cómo no faltan, por el contrario, hombres de igual autoridad y crédito que prefieren la acción como más excelente, diciendo que es también doctrinal, y enseña arte y virtud a la vez, y mantiene la sociedad humana. Y añade Piscator, o sea, el bueno de Walton, por su cuenta: "Respecto a las cuales dos opiniones no he de permitirme añadir una tercera, declarando la mía propia, sino que me he de contentar con deciros, mi muy querido amigo, que ambas, contemplación y acción, se juntan y pertenecen lo más propiamente al honestísimo, ingenuo, tranquilo e inocente arte de pescar a la caña." ¿Y quién lo duda? ¿Quién duda de que el pescar a la caña se preste a la contemplación?

Sigamos oyendo a Walton, aunque sea en mi castellano y no en su inglés, que lo merece: "Y lo primero, he de deciros lo que han observado algunos y he hallado ser una real verdad, y es que el sentarse tan sólo a la orilla del río es no sólo en el lugar más tranquilo y más apto para la contemplación, sino que invita a un pescador a ella; y esto parece que sustenta el docto Pedro du Moulin, qu en su discurso sobre el cumplimiento de las profecías observa que cuando Dios se proponía revelar a sus profetas algunos sucesos venideros o altas nociones, los llevaba o a desiertos o a la orilla del mar, para que, separándolos así de entre la apretura del pueblo y los negocios y los cuidados del mundo, pudiera poner sus aptitudes en tranquilo reposo y hacerlos aptos para la revelación." Y luego cita aquella sentencia de nuestro Juan de Valdés, el famoso reformador español, autor del *Diálogo de las Lenguas*, el cual, en su libro *Ciento diez consideraciones*, dice que los ríos y los habitantes del elemento líquido fueron hechos para que los contemplaran los sabios y pasaran sin considerarlos los necios.

Y así, visto el amor contemplativo que Walton profesaba al agua, así me explicó la afición que a su librito tuvo aquel patriarca de los *lakistas* o laguistas, el dulce Wordsworth, el que cantó al río Duddon en treinta y cuatro sonetos imperecederos.

Sí, Dios hizo el mundo para los contemplativos, que no en vano se dijo que los mansos poseerán la tierra. Walton, hablando de las diversas especies de orugas y gusanos que pueden servir de carnaza o cebo a los peces, nos habla de esas "moscas, gusanos y criaturillas vivientes con que el sol y el verano adornan y embellecen las riberas y los prados, para recreo y contemplación a la vez de nosotros los pescadores, placeres de que creo —añade— gozo yo más que cualquier otro que no sea de mi profesión."

¿Y cómo no gozar de la contemplación junto a los ríos que van al mar como a la muerte van nuestras vidas?

Laudato si, mi signore, per sor acqua,
la quale e multo utile et humele et pretiosa et casta,

cantaba San Francisco. ¿Y qué mejor retiro para contemplar que junto a la hermana agua, que es muy útil y humilde y preciosa y casta?

¡Qué sabroso descanso el de sentarse a la orilla del río y a la sombra de un álamo, a dejarse vivir en suave baño de resignada dejadez, mirando correr las aguas! ¡Qué secreta escuela de resignación y de calma! Fluye la líquida masa tan compacta y unida que semeja titilante cristal inmóvil. Contemplándola discurrir así, apréndese la quietud que sustenta al curso de la vida, por agitado que éste sea, y el solemne reposo que del concierto de las carreras de los seres todos surge.

"No bañas dos veces tu pie en las mismas aguas al entrarlo en un río", dijo Heráclito, y en esas aguas, sin embargo, siempre distintas y la misma agua siempre, en esas aguas se reflejan temblorosos los álamos marginales, fijos al terruño en que nacieron. No se llevan las aguas su imagen, sino que en el limpio cristal de las vivas linfas parecen vivir los árboles, temblando en ellas. Y cuando el viento otoñal les quita sus amarillas hojas, caen éstas al río provocándole a dulce sonrisa de ondulantes círculos, y se van lejos, muy lejos de la paterna rama, a servir tal vez de mantillo a otros lejanos álamos de la misma orilla, a perderse en el mar más de seguro.

Tan sólo turba la serena marcha del río algún ave que, rozándole con el ala mientras nada por el aire, pica de paso el pellejo de las aguas, o algún pez que desde el seno líquido en que revolotea sube a picar también el pellejo del río, pues siempre hay una sobrehaz común a aves y a peces. El sol riela las aguas que el viento al acariciarlas riza, y les saca plateados reflejos, provocando cadenciosa danza de luminosas lentejuelas. Diríase que el río, larga serpiente dormida en la ribera, tiembla con escalofríos de gozo al calor que el sol le presta y hace brillar así sus escamas de plata.

¡Qué sabroso descanso el de sentarse a orillas del río y a la sombra de un álamo, a dejarse vivir en suave baño de resignada dejadez, mirando correr las aguas! ¡Qué secreta escuela de resignación y de calma!

Vemos en las aguas retratado el cielo y cuando está quieto el río parece que la azul inmensidad se continúa debajo de él y que es la tierra firme verde capa tendida en los celestes campos. Cruzan las nubes por encima y por debajo de ella. Y suele suceder entonces que va poco a poco convirtiéndose nuestra quietud en aparente marcha, opuesta a la del curso fluvial. Lo sabe bien el pescador que tiene al corcho por hito de su mirada. Y es como si bogáramos en flotante isla sobre el mar azul del cielo. Y como a la par que nos sentimos arrastrados, nos damos cuenta de nuestra quietud, sentimos la esencia del dicho aquel del pensador que más adentro buceó en las aguas de la razón humana, del más grande pescador de ideas, el que dijo: sólo es siempre estable la inestabilidad.

A la orilla del río van invadiendo al alma dulcemente y gota a gota las profundas aguas, hasta que le bañan las espirituales entrañas, distendiéndoselas, le gana una laxitud deleitosa, y a cada uno de los ligeros movimientos con que se desperezan las potencias y sentidos, la confortante frescura que la empapa despéjala del irritante cosquilleo de las inquietudes cotidianas. ¡Dulce ablución íntima! ¡Recogido lavatorio del alma! Las imágenes y pensamientos se templan tomando apacible y apagado tono; gustamos la sensación pura de la vida y nuestras alegrías se purifican también.

Tendido junto a un río, dejándose adormecer por las aguas, se llega a algo que es como paladear la vida misma, la vida desnuda; se llega a un gozar de las rítmicas palpitaciones de las entrañas, del incesante fluir del río de la sangre en nuestras venas. Mientras descansa la inteligencia adormecida sentimos el nutrido concierto de las energías de nuestro organismo, y entonces es cuando se percibe algo de lo que podríamos llamar la música del cuerpo, con tanta razón como los pitagóricos llamaban música de las esferas al concierto de los astros. La contemplación del quieto fluir del río nos lava de la sucia costra de los cotidianos afanes, y limpia y monda el alma, respira a sus anchas, por sus poros todos, la serenidad augusta de la naturaleza. Libertados de la obsesión de la vida, gozamos de ésta como sus dueños, sin sufrirla como esclavos suyos. Entonces es cuando se aspira el perfume de aquella divina sentencia de que basta a cada día su malicia.

¡Recatada sabiduría la que por el filtro de sutil embebecimiento va posándose en el cauce del río de nuestra alma! En ella se templan las alegrías y se disipan las penas, poniéndose todo de acuerdo con la serenidad de la naturaleza.

Contábame una vez un padre que había perdido un hijo idolatrado cuando más fruto prometían las flores recién abiertas del espíritu de éste, que el bálsamo más apaciguàdor, el ungüento más sedante para la herida de su corazón paterno, era irse a la orilla del río a contemplar embebido, durante horas muertas, el reflejo de los álamos en el claro cristal de las aguas. En aquella escuela de resignación y de calma, ganado por el agua, lavaba sus penas, purgándolas de la sucia costra bajo la que se cicatriza la herida, y quedándose con lo insoluble de ella, con la esperanza de consuelo final, esperanza siempre fija bajo el incesante fluir de sus entristecedores recuerdos.

El agua, pues, purifica al alma; al alma del hombre y a la de la naturaleza. El agua da vida al paisaje. "No hay paisaje feo con agua", me dijo una dama.

El agua amansa, y el que ha tomado la vera de las aguas por escuela de contemplación se hará manso, y como tal poseerá la tierra, y ésta será de él. Se hará manso como el pescador de caña, y como éste, será feliz. Y me parece que debemos volver ya a nuestro Walton, al cual dejé un rato pescando, allá en la eternidad, distraído con mis propios pensamientos y a la pesca de ellos, que volvamos, digo a Walton, el cual nos dice que "no hay vida tan feliz y tan alegre como la del pescador de caña que se gobierna bien; porque cuando el abogado está abrumado por los negocios, y el hombre de Estado tramando o desbaratando intrigas, entonces nosotros —los pescadores de caña— nos sentamos en macizos de primaveras, oímos cantar a los pájaros y nos poseemos a nosotros mismos en tanta quietud como la de estas silenciosas corrientes argénteas que vemos deslizarse tan quedamente a nuestra vera". Y añade el *benigno sabio,* maese Piscator: "La verdad es, mi querido discípulo, que podemos decir de la pesca a la caña lo que el doctor Boteler dijo de las fresas, que 'sin duda pudo hacer Dios frutas más ricas, pero que sin duda no las hizo Dios jamás'; y así, si se me deja ser juez, jamás hizo Dios recreo más tranquilo, sosegado e inocente que la pesca a la caña."

En recreo tan tranquilo, sosegado e inocente, contemplando al corcho en medio del agua o al agua en derredor del corcho, se hace el pescador contemplativo y manso, y de los mansos y contemplativos es la tierra.

Y aquí viene una de las más dulces y consoladoras doctrinas del dulce y consolador Walton, y es aquella en que establece que ver es poseer.

Oigámosle por boca de Venator, cuando en el cuarto día de sus diálogos dice: "Déjeme, maestro, que le diga que durante aquella hora en que estuvisteis ausente de mí me senté al pie de un sauce y a orilla del agua, y pensé lo que me dijisteis del dueño de aquella alegre pradera en que me dejasteis entonces: que tenía grandes haciendas y no corazón para pensar así; que estaba ahora pendiente de varios pleitos, y que ambas cosas enturbiaban su gozo y le quitaban tanto tiempo y pensamientos que no le quedaba ocio para cobrar el dulce contento que cobraba de sus campos yo, que no pretendo tener derecho a ellos; porque yo no puedo sentarme aquí tranquilamente, y mirando al agua ver cómo juguetean unos peces en la argentada corriente, mientras saltan otros a caza de moscas de todas formas y colores; mirando a las colinas puedo verlas moteadas de matorrales y sotos; bajando mi vista a las praderas descubro aquí un niño recogiendo azucenas y flores de cuco, y allá a una moza reuniendo cardaminas y primaveras para hacer ramilletes propios de este mes de mayo:

estas y muchas otras flores silvestres perfuman de tal modo el aire, que creo es esta pradera como aquel campo de Sicilia de que habla Diodoro, donde los perfumes que se exhalan del suelo hacían que los perros de caza marraran, perdiendo su mejor seguido rastro. Digo, pues, que mientras estaba así gozándome en mi propia feliz condición y compadeciendo a ese pobre rico que posee este y otros amenos prados y sotos que me rodean, recordé agradecido lo que dijo mi Salvador de que los mansos poseerán la tierra o, más bien, que gozarán de lo que otros poseen y no gozan, porque los pescadores y los hombres mansos y tranquilos están libres de esos altos e inquietadores pensamientos que corroen las dulzuras de la vida..."

Esta mansedumbre, tan lejana de la austera acometividad de los *roundheads* o motilones puritanos de la época de Walton —que fué contemporáneo de Cromwell—; esta mansedumbre llenaba a nuestro hombre de alegría, de una alegría reposada y serena, y de esta alegría nació su religiosidad.

Walton fué en aquella agitada sociedad en que luchaba Cromwell un espíritu humano y no puritanescamente religioso; conservó, como otros, el espíritu humano y humanizante de la época isabeliana *(elizabethan)*; tuvo la religiosidad de nuestro maestro León, sin otra diferencia que la de tener la de éste algo más de horaciano y la de aquél de virgiliano.

Wordsworth dice que del "dulce libro de Walton se desprende *alegre piedad*" *—gladsome piety—*, y esto es lo cierto.

Al concluir sus diálogos, y después de haber explicado Piscator a su discípulo cómo hay que pintar la caña y hacer el torzal, y faltándoles una milla para llegar a la cruz del camino de Tottenham, quiere, a la fresca sombra de un seto, mencionarle algunos de los pensamientos y gozos que poseyeron su alma desde que se encontraron. Y entonces le pide que se una a él para dar gracias a Dios por cada bien y perfecto don, por su felicidad. Y para que viera que su felicidad era la mayor, le recuerda a los que sufren de unas y otras enfermedades, de que ellos se veían libres, siendo una nueva merced cada miseria de que estaban libres, y le recuerda a los atormentados por una conciencia culpable. Y le habla de los ricos, que darían lo más de su fortuna para estar sanos y alegres como ellos estaban, que, con gasto de poco dinero, comían, bebían, reían, pescaban, cantaban y dormían a pierna suelta, "bendiciones que los ricos no pueden comprar con todo su dinero". Es evidente: los placeres más exquisitos son los más baratos; y yo puedo decir, en el espíritu de Walton, que una peseta mía vale lo que treinta pesetas de muchos que disfrutan de una renta treinta veces mayor que mi salario. Y añade Piscator: "Deja que os diga, discípulo, que tengo un rico vecino que está siempre tan atareado que no le queda tiempo de reírse: el negocio todo de su vida es ganar dinero y más dinero para ganarlo más y más." ¿Les quedaba tiempo de reírse, o cuando menos de pescar a la caña, a los motilones de Cromwell, que empleaban la vida en ganar gracia y más gracia divina, atormentándose con el cuidado de la propia justificación? Y sigue Walton pidiendo a Dios que le libre también de la acerba pobreza como de la absorbente riqueza, porque el rico, como el gusano de seda, "cuando parece trabajar está hilando sus propias entrañas y consumiéndose".

Y aquí trae Piscator aquello de Diógenes cuando fué con un amigo a ver una feria, donde vió cintas y espejos, y cascanueces y violines, y muñecas y otros mil cachivaches, y habiéndolos examinado y todo lo más que hace una feria, dijo a su amigo: "¡Señor! ¡Cuántas cosas hay en este mundo de las que no necesita Diógenes!" Nadie puede quejarse —añade Walton— de que Dios no le haya dado bastante para hacer feliz su vida. "Y, sin embargo, apenas hallaréis quien no se queje de que le falta algo, aunque en realidad no le falte más que su voluntad; acaso no más que la voluntad de su propio vecino, por no venerarle o adularle; y así, cuando podemos ser felices y tranquilos, nos creamos inquietudes." Y pasa Walton a poner ejemplos de personas que se crean inquietudes. ¿No estaban allí, a su vista, aquellos sombríos puritanos que, en vez de dar las gracias a Dios cada mañana por el don de la vida, estaban de continuo preguntándole a solas si les justificaba o no? Walton se atiene a lo de que los mansos pescadores de caña, y no los violentos motilones puritanos, poseerán la tierra. Quiere el hombre que posea lo que tenga con mansa y resignada tranquilidad, "una tranquilidad tal que haga sus sueños mismos gratos a Dios y a sí mismo."

"David —añade Walton—, aunque reo de asesinato y adulterio y de otros muchos pecados mortales, se dijo que era un hombre según el corazón de Dios, porque abundó en gratitud más que cualquier otro que se mencione en las Sagradas Escrituras, como se ve en los salmos, en que se mezclan confesión de sus pecados e indignidad y agradecimiento por el perdón y las mercedes de Dios." Y excita Piscator a su compañero a que den gracias a Dios por las más menudas bendiciones, y entre ellas por "el inocente placer y distracción que tuvimos desde que nos juntamos". Y sigue exhortándole a dar gracias a Dios por la vista de aquellos amenos ríos, y prados, y flores, y fuentes; pues ¿qué no daría un ciego por verlos? Y ya cerca de la cruz del camino de Tottenham, donde debía acabar su paseo y su discurso, lo resume diciendo a su discípulo que trató con él de imbuirle el que trabajara para poseer su propia alma; esto es, un corazón manso y agradecido —*a meek trakful heart*—; y que se esfuerce por ser u "honradamente rico o resignadamente pobre" —*honestly rich, or contendedly poor*—. ¡Cuán lejos estamos del consejo de aquel descendiente de puritanos que decía a su hijo: "Hijo mío, haz dinero honradamente, si puedes, pero haz dinero —*My son, make money, honestly if you can, butmake money!*—. Walton pedía una buena conciencia, supongo que no atormentada por la inquietud de la propia justificación, sino una conciencia agradecida; luego salud, y, por último, en cuanto al dinero, que puede decirse es la tercera bendición, "no lo despreciéis, pero notad que no hay necesidad de ser rico".

Contéstale su discípulo, Venator, y recuerda lo de los lirios y las aves evangélicas, no sólo criados, sino mantenidos "por la bondad del Dios de la naturaleza" —*by the goodness of the God of Nature*—. Y aquí está el toque de la religiosidad de Walton, en que su Dios fué el Dios de la naturaleza más que el Dios de los hombres, y de los hombres de su país y de su tiempo; y le agradeció el que le hiciese criatura viviente, y por vivir y respirar le da las gracias, sin inquietarse demasiado de la propia justificación.

Y termina el dulce libro diciendo Piscator: "Y sobre todo seamos amantes de la virtud y atrevámonos a confiar en su Providencia, y seamos tranquilos y vayamos a pescar a la caña.

Procura ser tranquilo."

He aquí un hombre para el cual, de seguro, lejos de no haber nada nuevo bajo el sol —*nihil novum sub sole*—, sería todo bajo él nuevo —*omnia nova sub sole*—, y la vida un continuado nacimiento, pues tal es lo que siente un "corazón manso y agradecido". En aquella época de violentas luchas en su país, cuando la religión se extendía bélicamente, cual un combate, para Walton fué paz y agradecimiento al Dios de la naturaleza. Mientras Cromwell y los suyos combatían en Martson Moor, Naseby y Dunbar, el manso pescador de caña pescaría truchas en el espadañoso Lee o en el arroyo de Shawford, dando gracias a Dios por la merced de dejarle contemplar las riberas sembradas de flores. Su piedad fué, como dijo Wordsworth, una "piedad alegre" —*gladsome piety*—, hija de salud, de buena conciencia y de resignada *aurea mediocritas,* de la riqueza que se contenta con ver. Amaba las distracciones que no hacen que se miren unos a otros los amigos avergonzados a la mañana siguiente, según él mismo nos lo dice.

Su alegre piedad, su dulce mansedumbre, le da una gracia especial, un fino humorismo, de que se encuentra lleno su libro. Baste recordar, además de algo de lo ya citado, aquella vez en que, al romper una trucha de cuerda y exclamar Piscator: "Ay, lo ha roto todo; queda media cuerda y he perdido un buen anzuelo", y contestar Venator: "Sí, y también una buena trucha", replica aquél: "No, no se ha perdido la trucha, porque os ruego tengáis en cuenta que nadie puede perder lo que jamás tuvo." Y el lindísimo cuento de los dos predicadores que trae Piscator a cuento al observar Venator que no puede pescar ni con su caña ni con la del otro; y es cuento en que se cuenta cómo un predicador gustó mucho con un sermón, y se lo prestó a otro, y este otro no gustó con el mismo sermón, y al quejarse de ello, le contestó aquél: "Yo te presté mi violín, pero no mi arco; porque has de saber que no cualquiera puede hacer música con mis palabras, que están hechas para mi propia boca." Y aquello de las cañas que pescan solas mientras los pescadores se retiran a sestear, porque las cañas son como dinero puesto a rédito, que crece, aunque no hagamos nada sino charlar y divertirnos. Y lo que dice Lebault, que las ranas ofrecen un buen manjar, especialmente en algunos meses, si están gordas; "pero habéis de notar —observa Piscator— que es un francés, y nosotros, los ingleses, a duras penas le creeremos, aunque sepamos que se comen ranas usualmente en su país". Y lo que del buen pescador dice y otras mil cosas.

A mí, que soy de Bilbao, me ha interesado muy mucho lo que el bueno de Walton dice de las angulas, llamadas en el Severn *yelvers.* Leyéndolo recordé los años de mi infancia, en que más de una vez fuí a orilla del Nervión a ver a los anguleros, en las frías noches de invierno, tener su linterna para atraer al reflejo de su luz a las angulas y pasar luego el cedazo por debajo de éstas. Y aquello que cantábamos de

Con la linterna,
con el farol,
anguleros, anguleros,
tengáis valor,

en que el primer verso debió decir "con el cedazo" o "con el botrino", para no haber redundancia. Mas aquellos pobres anguleros, ¡qué poco contemplativos eran! ¡Y qué poco mansos y resignados, sobre todo si desde el pretil de la ría les echábamos alguna chinita al agua para ahuyentar a las angulas! Pero ¿cómo iban a ser contemplativos pescando en noches de invierno y para ganarse el pan, y no en tardes de mayo, a la sombra de un sauce y por amor al arte? No a todos les es dado, como a Walton, elevar la pesca a la caña a bella arte, que, como la poesía y la virtud, lleve en sí misma su recompensa, y sacar de ese honestísimo, ingenuo, tranquilo e inocente arte un corazón manso y agradecido al Dios de la naturaleza.

Aunque sé que se han escrito en Inglaterra estudios sobre Isaac Walton, entre ellos el de Andrew Lang, el conocido y fecundísimo escritor, que entre sus muchas y diversas obras —sobre María Stuardo, Jacobo VI, de magia y la religión, la costumbre y el mito, la mitología moderna, la formación de la religión, Homero y la épica, una novela de un monje de tiempo de Juana de Arco, cartas a autores muertos, el libro de los sueños y los espíritus, etc.— tiene unos "Bosquejos de la pesca a la caña", *Anglig Sketches;* aunque sé de tales estudios, no he querido esperar a leerlos antes de publicar esto. Un libro es hijo de su autor y de un país y de una época dadas, y es fructuoso estudio el de estudiar el libro como producto del tiempo y del país y del autor que lo produjeron. Pero un libro, sobre todo si entra en el caudal perenne de la literatura universal, o merece entrar en él, una vez dado al público no es ni de su autor ni de la época y país en que se produjo, sino de todo el que lo lea y de las épocas y los países todos. Así he tomado a *El perfecto pescador de caña* de Isaac Walton.

Agosto de 1904.

A LO QUE SALGA

Siempre he creído que los escritores y los publicistas debemos ser muy sobrios en hablar de cosas del oficio, de procedimientos o de técnica del arte de escribir para el público. Con facilidad se olvida uno de que al público le importa muy poco cómo estén hechas las cosas, con tal de que le sirvan para algo, y con facilidad también caemos en creernos poco menos que aislados en el mundo. Así sucede que en las redacciones de los periódicos suele escribirse para las otras redacciones más que para el público, y que preocupa más que la opinión de éste la de los colegas. Y de los escritores no digamos nada, pues es cosa sabida que, si hay doscientos que gesticulen y vociferen en el tablado de las letras, cada uno de ellos publica doscientos ejemplares de cada una de su obras, y, con sendas dedicatorias, se los reparten entre sí.

Conviene que los jóvenes que se dedican a las letras no se hagan demasiadas ilusiones, persuadiéndose a tiempo de que su nombre llegará a ser mucho más conocido que sus obras. Desde que, al leer en Bilbao un discurso de Juegos Florales, tuve la suerte de que aquello fuera sonado y resonado y repercutiese por España toda, me han llamado a más de una población como a mantenedor de Juegos Florales, ya de cartel, y, cuando se acerca el verano, suelo decir a mis amigos: "ya viene la temporada; veremos las contratas que me salen". He viajado así al Levante, al Mediodía y al Noroeste, y no puedo quejarme de la acogida que por dondequiera he hallado. Pero he podido también notar que era mi nombre, y no mis trabajos, lo que generalmente se conocía, y que, respecto a mí y a mi obra, tenían, los más de los que decían conocerme, los más disparatados prejuicios. Siete volúmenes, entre chicos y grandes, llevo publicados, y he podido percatarme de que los que más me habían seguido en la Prensa, no conocían ninguno de ellos.

No traigo aquí esto para ponerme a disertar respecto al horror al libro que en España domina, sino para advertir a los jóvenes que a nuestro pueblo le interesan muy poco las empresas literarias, y que, por lo tanto, el hablar de técnica literaria es hablar en cotarro. Nuestro pueblo no quiere leer, sino que le lean o le reciten, y por eso cobra aquí reputación y fama antes el orador que el escritor, y el único género literario que da dinero es el dramático, pero el dramático que se representa.

Empecé a escribir todas estas consideraciones, aun siendo ellas tan vulgares y tan conocidas, para justificar mi propósito de hablar aquí de una cuestión de mera técnica literaria, de una de esas cuestiones que sólo a los del oficio nos interesan, y porque soy de los que creen que, en un concierto dado al público por un pianista, no debe irle éste con *estudios*, ni dificultades técnicas vencidas, ni prestidigitaciones de ninguna clase. Mas, una vez que me he decidido a escribir de cosas de técnica literaria, ruego al lector no profesional que me lo tolere, y desde ahora le aseguro que, aunque sé por dónde he empezado este ensayo —o lo que fuere—, no sé por dónde lo he de acabar. Y de esto es precisamente de lo que quiero escribir aquí, de esto de ponerse uno a escribir una cosa sin saber adónde ha de ir a parar, descubriendo terreno según marcha, y cambiando de rumbo a medida que cambian las vistas que se abren a los ojos del espíritu. Esto es caminar sin plan previo, y dejando que el plan surja. Y es lo más orgánico, pues lo otro es mecánico; es lo más espontáneo.

Yo he sido casi siempre escritor ovíparo, y sólo desde hace algún tiempo me ha entrado la comezón de convertirme en escritor vivíparo. Y esto pide que explique aquí, aun cuando creo haberlo hecho en uno de esos innumerables articulillos que he ido desparramando por diarios y revistillas efímeras, pide que explique aquí, digo, qué entiendo por escritores ovíparos y qué por escritores vivíparos.

Hay quien, cuando se propone publicar una obra de alguna importancia o un ensayo de doctrina, toma notas, apuntaciones y citas, y va asentando en cuartillas cuanto se le va ocurriendo a su propósito, para irlo ordenando de cuando en cuando. Hace un esquema, plano o minuta de su obra, y trabaja luego sobre él; es decir, pone un huevo y lo empolla. Así hice yo cuando empecé a trabajar en mi novela *Paz en la guerra,* y lo traigo aquí por vía de ejemplo. Escribí primero un cuento, y, apenas lo hube concluído, caí en la cuenta de que podía servir de núcleo, o más bien de embrión de una novela, y me puse a empollarlo. Día por día, y según estudiaba la historia de la última carlistada y de sus precedentes, iba añadiendo al cuento detalles, episodios y nuevas escenas. Metíme de hoz y de coz en la rebusca de noticias referentes a la última guerra civil; tuve la paciencia de leer el montón de folletos carlistas que precedieron al levantamiento de 1872, los relatos de la guerra, y muy en especial cuanto se refería al bombardeo de mi pueblo, Bilbao —bombardeo del que, siendo casi un niño, fuí testigo—, y a las acciones de Somorrostro. Con todo ello, y con observaciones respecto al paisaje de mi Vizcaya y al carácter de mis paisanos, observaciones tomadas en mis excursiones por mi tierra, iba aumentando el cuento. Cuando los añadidos, notas, episodios, etc. formaban una masa mayor que el núcleo, que el cuento primitivo, vino el meterlo todo en masa, el podar, el limar y ajustar, y de allí salió un nuevo relato, que era ya entre cuento largo y novela corta, lo que llaman los franceses una *nouvelle*. Y vuelta a empezar. Y así, por una serie de expansiones y concentraciones sucesivas, llegué hasta fraguar la novela en que el cuento primitivo iba diseminado en una serie de escenas de costumbres vascas, y en un relato de gran parte de la última guerra civil carlista, relato para cuya hechura procedí con tanta escrupulosidad como si se tratase de escribir una historia, pues no hay en él detalle que no pueda comprobar documentalmente. Y todo ello fué una verdadera empolladura de escritor ovíparo.

Hay otros, en cambio, que no se sirven de notas ni de apuntes, sino que lo llevan todo en la cabeza. Cuando conciben el propósito de escribir una novela, pongo por caso, empiezan a darle vueltas en la cabeza al argumento, lo piensan y repiensan, dormidos y despiertos, esto es, gestan. Y cuando sienten verdaderos dolores de parto, la necesidad apremiante de echar fuera lo que durante tanto tiempo les ha venido obsesionando, se sientan, toman la pluma, y paren. Es decir, que empiezan por la primera línea, y, sin volver atrás, ni rehacer ya lo hecho, lo escriben todo en definitiva hasta la línea última. Así me ha dicho que trabajaba uno de nuestros más celebrados novelistas, cuya pluma hace años está colgada. Éstos son escritores vivíparos.

Uno y otro modo de proceder tienen sus ventajas y sus inconvenientes respectivos, dice Gedeón, añadiendo un sinfín de perogrulladas. Yo casi siempre he producido ovíparamente; mas, desde hace algún tiempo, he ensayado a producir vivíparamente, y así van los ensayos que durante este año vengo publicando en diferentes revistas. En ninguno de ellos sabía a punto fijo, al empezarlo, cómo habría de terminar, sino que he ido dejándome llevar de mi pensamiento, como Don Quijote de *Rocinante,* al azar de los caminos o de los pastos.

El trabajo de empolladura tiene muy graves inconvenientes, y acaso el peor es el de que cuesta mucho trabajo sacrificar notas, observaciones y detalles; cuesta ser sobrio. En una crítica que Wyzewa hizo de la novela *Lourdes,* de Zola —novela que no conozco, pero sí a Zola como novelista, y éste sí que era ovíparo y empollón—, hacía notar con gran tino que el célebre novelista no pudo resistir la comezón de vaciar en su novela cuantas notas tomó en Lourdes, sin seleccionarlas, llenándola de detalles pueriles e insignificantes. Y, en efecto, las descripciones zolescas degeneran, con harta frecuencia, en descripciones de inventario, hechas por receta, y de una monotonía fatigante. Raro es el libro suyo en que hay fluidez, en que se vea que ha corrido la pluma desembarazada y libre, y sin el obstáculo de los cuadernitos de notas o la minuta previa.

Ocurre no pocas veces que lo costoso no es la obra, sino sus preparativos, como ocurre a las veces que cuesta más levantar el andamiaje de una torre que no la torre misma. Y luego que el arquitecto levantó la torre, cuando conviene derribar el andamiaje y dejarla exenta y libre, para que su gallardía resalte sobre el cielo, le da pena derribarlo, y se dice: "¿y cómo van a conocer ahora el trabajo que me ha costado levantar esta torre?" Y deja los andamios, que estorban a la clara visión, para que las gentes juzguen de su esfuerzo. No otra cosa hacen los autores que nos dan en sus obras cuatro líneas del texto y cuarenta de notas, y que llenan de referencias los pies de las páginas. Libros son éstos a los que no resisto por molestos, antiestéticos y pesados.

Y no es esto lo peor, sino que, por lo regular, los andamios suelen ser excesivos y se echa en ellos mucha más madera de la que hace falta. Es de permanente actualidad lo que Cervantes dijo de las citas en el prólogo de su *Quijote,* de que él se bastaba para decir por sí mismo lo que otros con aparato de autores decían. Suele haber citas donosísimas, y no desconfío de encontrar algún economista que traiga a colación el apoyo de dos, tres o más autoridades para corroborar el principio de que, si hay una corriente de emigración del país A al país B, crecerá la población en B a la vez que disminuirá en A. La mayor parte de las notas que veo en los libros suelen ser perfectamente superfluas.

Digo, pues, que aleccionado por lo que me ha ocurrido y por lo que a otros ocurre, y huyendo de la especial pesadez que llevan en sí las obras producidas por oviparición, me he lanzado a ejercitarme en el procedimiento vivíparo, y me pongo a escribir, como ahora he hecho, a lo que salga, aunque guiado, ¡claro está!, por una idea inicial de la que habrán de irse desarrollando las sucesivas.

"¡Eso es falta de respeto al público!", argüirá, estoy seguro de ello, algún colega en escribiduría; pero yo prefiero la confianza al respeto, y estoy persuadido de que, si algo nos mantiene alejados de nuestro público, si algo hace que no ganemos su confianza, es que no le entregamos la nuestra.

Estoy harto de observar cuán frecuente es que un hombre ingenioso, ameno y discreto en su conversación particular resulte un orador irresistible, y cuántos hay que escriben cartas con singular gracejo y donosura y que, puestos a escribir para el público, no producen más que soñolientas disertaciones. Lo cual proviene de una lamentable idea del decoro y de un temor injustificado al público; y hasta quedan quienes al dirigirse a éste lo hacen en *nos*, creyendo que, no ya el abuso, sino hasta el uso del *yo* es algo presuntuoso, si es que no satánico. ¡Ridiculeces!

Sujetos hay que me hacen exclamar: "Pero ese hombre ¿tiene algo dentro?" Porque cuando dan al público en sus escritos o en sus discursos es cosa de fuerza puramente externa.

En cierta ocasión se lamentaba un extranjero, amigo mío, de lo raras que son en la literatura española las memorias íntimas, las confidencias y confesiones; de que aquí, al morir un personaje, no se publica, como en otras partes, su correspondencia, y de que apenas poseemos buenas biografías de nuestros hombres célebres en las distintas actividades humanas. Decíamelo un inglés, y es sabido cuán rico caudal de biografías atesora la literatura inglesa. Y me preguntaba en qué consiste eso. A lo cual hube de contestarle: "Depende en gran parte de cierto ridículo pudor y de un mucho más ridículo estiramiento que nos hace velar a los ojos de los demás nuestras cosas íntimas; pero depende en mayor parte aún de que para escribir memorias íntimas es preciso tener intimidad, y aquí andamos muy faltos de ella; para hacer confesiones es preciso tener algo que confesar, y aquí no se tiene sino los pecados vulgares y ordinarios, que se va a depositar rutinariamente al confesonario —y eso quien se confiese así—, y depende el no publicarse correspondencias de que apenas se siguen éstas o son puramente pragmáticas, pues entre las innumerables *fobias* que de nuestra biofobia se desprenden, es una epistolofía. Hay español que bendice al telégrafo, a ese aborrecible telégrafo, porque le ahorra el tener que escribir cartas, aunque le cueste más caro."

La falta de intimidad es, en efecto, una de las causas que me han hecho siempre más irrespirable el ambiente moral de nuestra sociedad, de esta sociedad en que hay tantos y tantos sujetos que se pasan lo mejor del día en la calle, matando el tiempo en embrutecedoras comadrerías. Cuando alguien me echa en cara —y ha sucedido— el que hable y escriba mucho de mí mismo, contesto siempre esto, y es que prefiero hablar en exceso de mí mismo a no hablar de los demás, y que es mucho mejor el pasarse la vida autobiografiándose que no pasarla murmurando del prójimo, que es como la pasan los hombres recogidos y dignos que celan con esmero su intimidad. Hasta cuando oigo de alguno o de alguna que se pasan las horas muertas al pie del confesor y prolongan mucho sus confesiones sacramentales, pienso al punto que están murmurando de otros y que van allá, no a deponer sus pecados, sino a comentar, por carambola, los del vecino.

Propende el español a vivir en la calle o en el café —mejor es en el café que no en la calle—, entre gentes y en continua charla, y esto haría creer al observador superficial que somos un pueblo comunicativo. Y nada hay más lejos de la verdad. Me moriré sin haber conocido a las más de las personas con las que hablo y trato a diario, y si las conozco algo es a pesar de ellas mismas y no por su voluntad. Empiezan por estarnos cerrados, o poco menos, mutuamente los hogares, y sé de uno que estuvo jugando a diario, durante más de un año, al tresillo con otro, e ignoraba si este otro era soltero o casado, ni de dónde era, ni de qué vivía. Y esto es pura y sencillamente insociabilidad, y en el fondo barbarie.

Todo lo cual me trae a la memoria un drama íntimo que pude vislumbrar en el alma de un sujeto a quien traté bastante, y sujeto que se murió sin que nadie en su pueblo se percatara de lo que había llevado dentro durante su vida. Era un hombre atormentado por el ansia de creer, y sin poder lograrlo; un hombre en quien la cabeza negaba con tanto ahinco como afirmara el corazón; un hombre que, por sus estudios profesionales, se veía llevado a negar lo que las creencias que sus padres le inculcaran afirmaban. Recuerdo una noche en que nos quedamos él y yo, los dos solos, en un casino hasta ya muy tarde, y en que después de verterme su corazón, aun a su pesar, me dijo: "Y no vuelva usted a atormentarme; no vuelva a suscitar delante de mí tales conversaciones; no se goce en martirizarme así, tomándome como sujeto de experimentaciones psicológicas." Se le quebraba la voz al decirlo. Le perdí de vista y supe que acabó entregado a la Iglesia y a la bebida, tragándose rosarios y copas de coñac. ¡Pobre hombre!

Y este mi antiguo amigo, que era un hombre inteligente y bueno, ¿no se habría curado o aliviado siquiera de sus pesares de haber podido verterlos al público y unir su alma al alma de su pueblo?

Una mañana de niebla, en que salí de casa —de esto hace cinco o seis años—, me produjo el espectáculo de la niebla matutina, con ser frecuente en esta ciudad de Salamanca, un efecto singular, y como nunca antes me lo había producido, merced, sin duda, al estado en que acertara a encontrarse entonces mi alma. Y fué que al ver los arbolillos que bordan la carretera que pasa junto a mi morada de entonces, y verlos sumergidos en la niebla, así como los objetos todos de mi alrededor, y veladas por ella las lontananzas, parecióme como si a aquellos arbolillos se les hubiesen resumado o extravasado las entrañas, y que ellos no eran más que corteza, continentes de árboles sumergidos en sus propias entrañas, algo así como hollejos de uva dentro del mosto. Y que las entrañas éstas de los arbolillos y de las cosas todas se habían fundido unas en otras, dejando a sus cuerpos como armaduras de un guerrero que ha muerto y se ha hecho polvo. Y recuerdo que, a partir de semejante imaginación, continué mi camino, rumbo a la Universidad, a dar mi clase, pensando en un remoto reino del espíritu en que se nos vacie a todos el contenido espiritual, se nos rezumen los sentimientos, anhelos y afectos más íntimos, y los más recónditos pensares, y todos ellos, los de unos y los de otros, cuajen en una común niebla espiritual, en el alma común, dentro de la que floten las cortezas de nuestras almas, estas cortezas que son hoy casi lo único que de ellas ofrecemos a nuestros prójimos, y casi lo único que recibimos de éstos. Y continué pensando que es poco menos que forzoso el que sean escritores u oradores neblinosos cuantos se propongan verter al público, por escrito o de palabra, su espíritu, la savia de sus sentires y de sus quereres, y no tan sólo su inteligencia, no sus pensamientos tan sólo.

Cuando alguien me da sus ideas, es decir, lo que se dice sus ideas, como se dice su dinero, aunque éste haya corrido antes por miles de manos y venga sucio y gastado de todas ellas; cuando alguien me da ideas, las tomo y me las guardo hasta que tenga ocasión de gastarlas, dándolas a mi vez; pero cuando alguien me da con sus ideas algo de su espíritu, cuando en el ademán, en el aire, en la puridad que emplee al dármelas o al recibirlas yo en mi mente, en el calor que me infunden, noto que vienen impregnadas de su alma, entonces hago como los pordioseros que reciben un mendrugo o una moneda de limosna, y es que la besa, y la beso con el corazón antes de echármela al zurrón del espíritu. Y de estas limosnas espirituales, de estas caridades íntimas, ¡cuán pocas se reciben en el trato corriente de nuestra sociedad, en que se habla por no callar, y en que se cambian palabras como se cambian fichas en un juego!

Decía Schopenhauer que los tontos, no teniendo ideas que cambiar, inventaron unos cartoncitos con figuras diversas para cambiárselos en mil diversas combinaciones, y que de aquí se originó el juego de los naipes. Si esto fuera así, resultaba que los tontos no lo eran tanto como parecen, pues supieron inventar eso. Y además, en la mayoría de los casos, vale más, entre nosotros los españoles al menos, ponerse a jugar a los naipes que no ponerse a charlar, pues, cartoncitos por cartoncitos, valen más los de nuestra baraja que los de nuestra conversación.

Conocí un sujeto de grandísimo espíritu, de espíritu rebosante de espiritualidad, es decir, rebosante de sí mismo; sujeto que revivía su vida a cada momento, que hacía suyo lo que era de todos, y de tan singulares prendas que cuando hablaba, aun haciéndolo en lenguaje corriente y moliente, vulgar y claro, parecía que iba inventando el lenguaje según hablaba y que sus palabras eran virginales, palabras nacidas de consuno con la idea o la impresión que encarnaban. El oírle era un embeleso, sobre todo en ciertos días en que, sin saberse por qué, parecía como que le reventaba el espíritu y se le salía todo por la mirada, por el gesto, por la actitud, por la palabra, por el aliento mismo. Y entonces hacía vibrar el ambiente espiritual en que hablaba, y nos hacía vibrar a todos explicándonos sus ensueños y sus anhelos, y hasta las menores minucias de su vida. Y había otro amigo nuestro que en ocasiones tales le interrumpía diciéndole: "¡Vaya, vaya; si sigues con esas metafísicas me marcho!" ¡Llamaba metafísicas a lo menos metafísico que cabe concebir! Todo aquello debía parecerle paja.

"¡Paja!..., ¡paja!", decía una señorita que conocí yo algo y que gustaba mucho de leer novelas, cuando en éstas venían páginas sin los guiones y los rengloncillos cortos de los diálogos. Las saltaba y se iba a los diálogos, y hasta en éstos no le gustaba que los interlocutores dijesen cosa que tuviera que ocupar arriba de dos o tres renglones. Principio éste que he sabido después tienen muy en cuenta nuestros escritores dramáticos. Era una singular predilección hacia el diálogo insustancial, hacia el diálogo en que las palabras van y vienen de corteza a corteza del espíritu, sin penetrar nunca en éstos.

Se ha dicho y repetido muchas veces que el lenguaje se ha hecho para velar el pensamiento, para mentir; pero, entre nosotros por lo menos —y digo entre nosotros porque entre los otros no he vivido—, el lenguaje sirve para ahorrarse el pensamiento; se habla cuando no se quiere pensar.

Ayer dejé aquí este ensayo y hoy quiero terminarlo, pero sin volver mi vista atrás, sin revisar lo ya escrito, sin buscar un enlace o consecución meramente externo. Al levantarnos cada mañana, ¿nos recogemos acaso para hacer adrede remembranza del cabo en que dejábamos pendiente nuestro pensar y nuestro hacer de la víspera? No, sino que cada día trae consigo su cuidado. Y así, deberíamos escribir y hablar siempre al tino de la hora que pasa, a la buena de Dios. Mala cosa es esclavizarnos a nada escrito.

Tan mala creo esta esclavitud, que habiendo intentado por dos o tres veces empezar un diario, otras tantas lo he dejado. No quería hacerme el hombre del diario, es decir, el esclavo de su diario. Porque sospecho que muchos de esos que llevan cuidadosamente su diario acaban por no pensar ni hacer sino para su diario, en vista de lo que han de asentar en éste, y que al traerles de nuevo la vida el despertar de cada mañana, habrán de decirse: "Veamos qué cosecha saco hoy para mi diario." La lectura del *Journal intime* de Amiel me ha producido este triste efecto; el malogrado —¡y tan malogrado!— ginebrino se pasó la vida empollando su único huevo.

Y esto no es condenar la intimidad, ya que ayer la estuve realzando; no, no es eso, sino que es condenar la intimidad que se retrae a uno mismo. Nuestro diario deben ser nuestras palabras, nuestros escritos, nuestras cartas, lanzadas a todos los vientos con ráfagas de nuestra alma.

Hay otros, en cambio, que llevan también diario, pero diarios al modo de los cronicones de aquellos ingenuos monjes medievales; diarios en que asientan todos los chismes de vecindad, todas las comadrerías, las chinchorrerías todas de cotarrillo que van recogiendo por el mundo. En tal orden puede hacerse hasta una obra maestra, como las *Memorias* de Saint-Simon o la *Crónica* de Fra Salimbene. Chismes de corte o chismes de convento, ¿qué más da?

Para este último género, para la chismorrería, ¡cuántos ingenios se malogran! Suelen decir que florece en las pequeñas ciudades de provincia y, en efecto, así es. En ciudades como ésta en que vivo —Salamanca— hay quienes no pueden vivir sin su buena ración diaria de chismorrería.

En cierta ocasión, paseando con un amigo mío por el Retiro de Madrid, vimos que dos sujetos que iban en conversación delante nuestro y a bastante distancia, se paraban de vez en cuando, como si lo que dijesen no pudiera decirse u oírse andando, y entonces mi amigo me dijo: "Ésos son de provincias, no te quepa duda; lo de pararse a hablar cuando se va de paseo es una costumbre enteramente provinciana. No sé en qué consista." Y yo le respondí: "Pues mira, chico, yo, aunque he vivido casi toda mi vida, y con excepción de mis años de carrera y temporadas sueltas aquí en Madrid, siempre en capital de provincia, hasta mis veintiséis años en Bilbao, y luego en Salamanca, lo cierto es que no tengo tal costumbre. Y en cuanto a su origen, me parece que puedo darte una explicación que, si no es suficiente, es por lo menos ingeniosa." "Venga", me dijo, y yo continué: "No sé si sabrás que allá en Salamanca hay, como en la mayor parte de nuestras viejas ciudades, una plaza cubierta, la Plaza Mayor, con arquillos o soportales, donde la gente se pone a dar vueltas cuando hace mal tiempo, y también cuando le hace bueno. La tal plaza es una escuela de holgazanería y de murmuración. Hay dos vueltas, la de las mujeres y la de los hombres; los hombres van por la parte de adentro, es decir, por la vuelta más corta, llevando su derecha en el sentido del reloj, o, como se dice ahora, en movimiento *dextrogiro*, y las mujeres van por la parte de afuera, llevando también su derecha, mas en sentido contrario al del reloj, o sea, en movimiento *levogiro*. Y así matan horas enteras, dándose cara dos veces en cada vuelta y murmurando casi todos. Y es natural que al murmurador le agrade oír lo que los demás murmuradores murmuran, y de aquí que los grupos de circulantes marchen con el oído bien despierto para cazar lo que se diga entre los que les preceden o los que les siguen. Y por esto es por lo que para defraudar a los escuchas, a los que andan a pescar, aunque sólo sea palabras sueltas, suelen pararse de vez en cuando los que pasean murmurando, pues así, con tales paradas, les obligan a los otros a tomarles la delantera. Ve, pues, cómo eso de pararse de vez en cuando los que marchan conversando puede no ser más que una estratagema para burlar la indiscreta curiosidad de los que les siguen en las ruedas de murmuración de los soportales o los arquillos provincianos." A mi amigo le pareció, en efecto, muy ingeniosa, aunque no suficiente, mi explicación. Y yo le añadí: "De lo que no debe caberte duda alguna es de que cuando se paran así no es para decir ninguna cosa importante o que exija atención extraordinaria, sino para soltar alguna vulgaridad solemnísima."

¿Vulgaridad dije? Al punto nos pusimos a hablar de ello, de mi tema favorito, o, mejor, de nuestro tema favorito —porque lo es también de mi amigo—, del pesadísimo ambiente de ramplonería que nos abruma y nos ahoga. La ramplonería es la parte del espíritu público español de hoy en día; de dondequiera se desprende un espeso vaho de vulgaridad enervadora. Y esta ramplonería, que es el indiscutible sello de nuestra producción científica, literaria y artística; esta ramplonería, que hace que, a falta de algo mejor, pasen aquí por eminencias en el pensar zurcidores de cosas leídas en revistas y manualetes; esa ramplonería, que hace nos fijemos más en el valor mercantil o de cambio de las ideas que no en su valor intrínseco y de uso; esa ramplonería es un efecto de nuestra falta de intimidad, del rabioso celo con que ocultamos a las miradas del prójimo el fondo de nuestras almas, temerosas acaso de que descubran su vanidad.

El español, dice un amigo mío, es por lo general un ser *apsíquico*, que no tiene interior; nuestro gran psicólogo es Velázquez, pues cabe dudar de que ninguno de sus personajes tuviese más que lo fijado por el gran pintor en sus cuadros. Yo no lo creo así, ni mucho menos, porque vuelvo mi pensamiento atrás, a tiempos que fueron, y evoco el recuerdo de nuestros grandes místicos que florecieron a la vez que nuestros grandes hombres de acción. Y de aquí paso a pensar que no cabe hondura de sentimiento sin intensidad de acción.

No que hayan de darse en un mismo individuo unidas la hondura de sentimiento y la intensidad de la acción, y que sea a la vez un místico y un hombre activo —de lo que se han dado muchos ejemplos en la historia, desde el cardenal Cisneros hasta el general Gordon—, sino que no caben grandes sentidores en pueblo en que no haya a la vez grandes obradores. Y en nuestra España actual se une la superficialidad del sentir con la cobardía en el obrar. El chismorreo y la pequeña intriga, el ir y venir de unos a otros con chinchorrerías de comadre y el intrigar bajo cuerda poniendo chinitas al prójimo en el camino y escondiendo la mano, tal es nuestra miserable vida. ¡Miserables de nosotros!

Y aquí voy a cortar estas líneas, pues de otro modo sería esto, al paso que voy, el cuento de nunca acabar; y voy a cortarlas porque empiezan a subírseme a flor de alma el asco, la tristeza y la indignación al pensar en los muchos espíritus vivaces, de fondo noble, de generosos anhelos, a los que esta miserable atmósfera les ha convertido en pobres almas, presa de bajas pasiones y que se consumen en labor de topos. La que me irrita contra muchos de mis prójimos, y hace que sea duro y hasta acaso injusto con ellos, es el pensar que pudieron ser ángeles de luz y son demonios de tinieblas; que pudieron ser luchadores del ideal —de un ideal, del suyo, de cualquiera, que esto importa poco—, y son roedores de despreciables chismes; que pudieron levantarse a las cimas en que se está envuelto en más aire y donde nace más pronto para morir más tarde el sol, y se han dejado hundir en los barrancos de la sombra, donde el corazón se enmohece; que pudieron vivir empujados por nobles ambiciones y henchidos de amor, porque de puro amor y de fecunda ambición eran sus almas dignas, y mueren día a día arrastrados por la envidia y por el odio. ¡Pobres almas! ¡Pobres almas, presas en la red de mentira, de hipocresía, de cobardía, de envidia, de pereza, de abrumadora ramplonería que estamos tramando de la mañana a la noche!

Y basta. Basta por ahora. Hay que dejar siempre suelto el cabo de la vida. Sólo en la ficción novelesca empiezan por completo y por completo acaban las cosas. ¡Que no acabe este ensayo, que no acabe ninguna de mis obras, que mi vida no acabe, Dios mío!

Septiembre de 1904.

SOBRE LA SOBERBIA

Sólo odiamos, lo mismo que sólo amamos, lo que en algo, y de una o de otra manera, se nos parece; lo absolutamente contrario o en absoluto diferente de nosotros no nos merece ni amor ni odio, sino indiferencia. Y es que de ordinario lo que aborrezco en otros aborrézcolo por sentirlo en mí mismo; y si me hiere aquella púa del prójimo es porque esa misma púa me está hiriendo en mi interior. Es mi envidia, mi soberbia, mi petulancia, mi codicia las que me hacen aborrecer la soberbia, la envidia, la petulancia, la codicia ajenas. Y así sucede que lo mismo que une el amor al amante y al amado, une también el odio al odiador y al odiado, y no los une ni menos fuerte ni menos duraderamente que aquél.

Hay con frecuencia, o un sostén o un sedimento de amor en el fondo de no pocos odios; muchas personas se aborrecen, o creen más bien aborrecerse, porque se respetan, se estiman y hasta se quieren mutuamente. Y para no quedar sólo en esta que parecerá a muchos forzada paradoja, quiero aquí aducir dos sentencias del originalísimo asceta y pensador yanqui Enrique David Thoreau, quien dice en una, en prosa, que "a nadie tenemos más derecho para odiar que a nuestro amigo"; y en la otra, en verso, que "sería traición a nuestro amor y un pecado contra el Dios del cielo borrar una sola jota de un odio puro e imparcial".

A menudo ocurre que se pasa uno la vida combatiendo la intolerancia de los demás, y si lográis arrimaros a su espíritu y registrarlo con vuestra mirada, veréis que está combatiendo su propia intolerancia.

Los absolutamente humildes no se escandalizan ni apenas se conduelen de la soberbia ajena, como los verdaderamente pródigos no se indignan de la avaricia de los demás. ¿Qué espíritu ha combatido al espíritu de la soberbia siempre? El espíritu de la soberbia misma. No tenéis sino ver las prevenciones que los humildes de profesión han tomado siempre para que su humildad no se convierta en soberbia; no tenéis sino ver con cuánta frecuencia los maestros de la vida espiritual, al comentar aquello de que quien se humille será ensalzado, nos advierten que el humillarse en vista de ello, para ser ensalzado por haberse humillado, es la más refinada soberbia.

Podría acudir a muchos y doctos maestros; pero me es más cómodo y más manual tomar a uno nuestro, a uno español, que resumió a todos los que hasta su tiempo habían adoctrinado a los espirituales. Me refiero al bienaventurado padre Alonso Rodríguez, de la Compañía de Jesús, muerto a los noventa años de su edad y setenta de religioso, en 1616. Este docto varón nos dejó un libro de apacible y tersísimo discurso, aunque algo prolijo, y es el *Ejercicio de perfección y virtudes cristianas*. Divídese en tres partes, y en la segunda de ellas dedica el tratado tercero a la virtud de la humildad.

En este tratado discurre de la falsa humildad, como es la de aquellos que fingen la pobreza, a cuyo propósito hace notar que "es menester que la pobreza ande siempre muy acompañada de humildad, porque la una sin la otra es cosa peligrosa; fácilmente se suele criar un espíritu de vanagloria y soberbia del vestido pobre y vil, y de allí suele nacer un menosprecio de los otros; y por esto San

Agustín huía de muy viles vestiduras, y quería que sus religiosos trajesen vestidos honestos y decentes para huir de este inconveniente" (cap. III). Y más adelante (cap. V) dice que la humildad no consiste en traer vestidos viles y despreciados o en andar en oficios bajos y humildes; "no consiste en eso, porque ahí puede haber también mucha soberbia y desear uno ser tenido y estimado por eso, y tenerse por mejor y más humilde que otros, que es la fina soberbia". Retened esto de que la fina soberbia es desear uno ser tenido y estimado por más humilde que otros; y vamos adelante con el tratado.

El cual, en su capítulo XIII, en que se discurre del segundo grado de humildad y se declara en qué consista este grado, dice esto: "¡Ay, dice San Gregorio, que muchas veces eso es lo que pretendemos con nuestras hipocresías y humildades fingidas, y lo que parece humildad es soberbia grande. Porque muchas veces nos humillamos por ser alabados de los hombres y por ser tenidos por buenos y humildes. Si no, pregunto yo: ¿para qué decís de vos lo que no queréis que crean los otros? Si lo decís de corazón y andáis con verdad, habéis de que los otros os crean y os tengan por tal; y si esto no queréis, manifiestamente mostráis que en eso no pretendéis ser humillado, sino ser tenido y estimado. Esto es lo que dice el sabio: *Hay algunos que se humillan fingidamente, y allá en lo interior su corazón está lleno de soberbia y engaño.* Porque ¿qué mayor engaño que buscar ser honrado y estimado de los hombres? ¿Y qué mayor soberbia que pretender ser tenido por humilde? Pretender alabanzas de la humildad, dice San Bernardo, no es virtud de humildad, sino perversión y destrucción de ella. ¿Qué mayor perversión puede ser que ésa? ¿Qué cosa puede ser más fuera de razón que querer parecer mejor, de donde parecéis mejor? Del mal que decís de vos queréis parecer bueno y ser tenido por tal, ¿qué cosa más indigna y más fuera de razón? San Ambrosio, reprendiendo esto, dice: Muchos tienen apariencia de humildad, pero no tienen la virtud de la humildad; muchos que parece que exteriormente la buscan, interiormente la contradicen."

Ya estoy oyendo, al llegar aquí, que más de un lector tuerce el gesto y exclama: ¡Sutilezas de claustro! Y no seré yo quien le contradiga, sino que, poniéndome de acuerdo con él, exclamaré también: ¡Sutilezas de claustro! Sutilezas de claustro, sí, en que el recogido tiembla ante aquello mismo de que huyó y que dentro de sí mismo lo lleva. Porque siempre he creído que los que huyen del mundo se llevan al mundo dentro de sí, y que hay, por el contrario, muchos que viviendo en el mundo le tienen cerradas las puertas de su corazón.

Ya dijo, entre otros, Emerson, que "es fácil vivir en el mundo según la opinión del mundo, y fácil vivir en la soledad según la nuestra; pero el hombre grande es el que en medio de la muchedumbre mantiene con perfecta mansedumbre la independencia de la soledad".

A los mundanos, a los que viven en el mundo y del mundo, encenagados en él, según esos espirituales de la huída, les sorprenden de ordinario las pinturas que de los vicios mundanales suelen hacer los que viven retirados en el claustro, pinturas en que, pretendiendo afearlos, en realidad los embellecen.

Un hombre que no había negado nunca a su carne ninguno de los apetitos de ésta, y que había gustado siempre, hasta con exceso, de las mujeres, me decía en cierta ocasión, después de haber leído la descripción que de la lujuria hacía un fraile: "esto es pura mentira y pintar como querer: la lujuria es sencillamente tonta, y no hay en ella nada de estos deleites y estos ardores que el buen fraile ha soñado. La falta de sencillez lo estropea todo".

Y así es la verdad: la falta de sencillez, la falta de sinceridad, lo echa a perder todo. Y de pocas cosas hablan los claustrados con menos sinceridad que de la pasión de la soberbia. En puro temerla, van a caer en ella; y sería mucho mejor, a no dudarlo, no preocuparse de tal cosa, dejarse ser tal como se sea y decir de sí mismo lo que uno de sí mismo crea, resulte o no soberbio para los demás. Sospecho que lo que voy a decir escandalizará a lectores timoratos, si es que los tuviere; pero hay que decirlo: y es que no pocas veces la comisión de un acto pecaminoso nos purifica del terrible deseo de él, que nos estaba carcomiendo el corazón. La doctrina podrá ser terrible, pero no me cabe duda alguna de que más de un matador habrá empezado a sentir compasión y hasta amor a su víctima una vez que matándola desahogó su odio en ella.

Desde un punto de vista mezquino y estrecho podrá parecer lo más malo el haber matado a uno; pero, visto desde las honduras del espíritu, lo peor es nutrir los sentidos con odio y vivir corroídos por malos deseos. No me parece monstruoso lo de aquel padre que decía a su hijo: "Anda, ve, hijo mío; rómpele las narices de un puñetazo, y luego dale un abrazo: es mejor esto que no el que evites encontrarle y sigas odiándole."

Los malos sentimientos contenidos pueden llegar a emponzoñarnos la sangre del espíritu, y éste enferma y se hace malo, y es, a las veces, mejor mil veces, dejar que estallen los malos humores hacia fuera. Porque una cosa es hacer el bien y otra ser bueno, aunque se conozca al árbol por sus frutos, y las buenas acciones broten de las almas buenas.

Sí, una cosa es hacer el mal y otra muy distinta ser malo, distinción que con muy sano instinto columbra casi siempre la gente sencilla e inculta, que se enamora de sujetos tenidos por grandes pícaros, y mira con ojeriza a otros que pasan por irreprochables. Cuando oía yo decir aquello tan repetido de "en el fondo es bueno", refiriéndose a algún sujeto de fechorías y daños al prójimo, solía añadir por mi cuenta: "tan en el fondo, que es como si no lo fuera; en el fondo todos somos buenos". Pero hoy he modificado no poco mi sentimiento a este respecto, y entiendo muy de otra manera que entendía antes eso de que en el fondo todos somos buenos.

Crece de día en día mi persuasión de que hay hombres que se mueren sin haber cometido una mala acción de bulto y de alcance, y sin haber abrigado, no obstante, un solo buen deseo, alegrándose íntimamente del mal que no eran capaces de hacer; mientras hay otros que molestando de continuo al prójimo, y aun dañándole, se mueren sin haber abrigado rencor contra nadie, sino habiendo estado llenos siempre de buen deseo.

Es mucho más frecuente de lo que podría creerse aquello de San Pablo de que "no hago el bien que quiero, sino el mal que no quiero hago", sentencia que antes expresó Ovidio con lo de *video meliora proboque, deteriora sequor*.

¿Quién en las luchas de la vida no ha sentido mil veces, al encontrarse con su corazón a solas, que se lo henchía honda querencia al adversario, querencia nacida de la lucha misma? Combatiendo se aprende a amar; de la común miseria surge la compasión mutua, y de la compasión el amor. Siempre he creído que la guerra es la gran purificadora de los rencores, y que no hay abrazo más efusivo ni más apretado que el que se dan los combatientes al deponer las armas. Desconfío del que no lucha, y veo siempre un mayor enemigo en el que se me somete que en el que me resiste.

La diferencia que he visto siempre entre la moral y la religión es la de que aquélla nos enseña a hacer el bien, y ésta a ser buenos; y pocos pasajes del Evangelio me levantan más el corazón que aquél de la oración en la cruz del buen bandido y la promesa que el Cristo le hizo de la vida eterna.

Creo que, por lo general, somos mejores de lo que se deduce por nuestros actos, y que de muchos puede decirse lo contrario de lo que del poeta dijo el poeta Zorrilla, y es que

hay hombre que en su misión
sobre la tierra que habita
es una planta bendita
con frutos de maldición.

El citado Thoreau decía: "Si *hice* alguna vez algún bien al prójimo, en su sentido, era sin duda algo de excepcional e insignificante, comparado con el bien o el mal que estoy haciendo constantemente con ser lo que soy."

Y ved cuán frecuente es que se distingan por su constancia en los rencores los que con más cuidado evitan las violencias externas, muchos que aspiran a la espiritualidad en religión, muchos que van de tiempo en tiempo a deponer a los pies del confesor sus malas acciones, pero no sus malos sentimientos. Se ha hecho ya proverbial el *odium theologicum*, y es sabido cómo las disputas religiosas se señalan por la acritud y por la virulencia. Son muchos los que creen que es buen camino para llegar al cielo romperle a un hereje la cabeza de un cristazo, esgrimiendo a guisa de maza un crucifijo.

En la fe misma en el infierno, ¿no veis algo de demoníaco? Deséanlo muchos para el prójimo, y recuerdo aquel apóstrofe del profesor que, combatiendo a los materialistas, exclamaba encendido en demoníaco celo: "¡Almas de carbono, así arderéis mejor en los infiernos!" Y es, por otra parte, que temen que la gloria sea chica para albergarnos a todos, y que cuantos más allí entremos, menos de ella nos ha de tocar a cada uno. Se les amargaría la dicha si la compartiera con ellos uno de esos herejazos a quienes en vida combatieron a sangre y fuego y a cristazos.

Y ese especial y característico *odium theologicum* es hijo de otra característica y muy especial *superbia theologica,* o, si se quiere mejor, de la soberbia espiritual. Malo es que un hombre se ande preocupando de si es o no es soberbio y de ahogar la soberbia en sí, y dé luego en cavilar y resolver en su cabeza si no es por soberbia por lo que trata de combatirla, y si la humildad a que aspira no es la más fina soberbia, y otras sutilezas por el estilo. Mejor es dejarlo y dejarse ser como se es, a la buena de Dios, desnudando el alma y abandonándose al primer impulso. Todos esos tiquis miquis espirituales no hacen sino enconar la herida y envenenar la sangre del alma; dejarlo estar es lo seguro.

Y aquí viene como anillo al dedo lo que el Apóstol dice de la ley y de cómo la ley hace el pecado, pues no se conoce el pecado sino por la ley, porque no se conocería la codicia si la ley no dijera: "No codiciarás." Y el pecado, tomando ocasión de la ley, obra en nosotros codicia, ya que sin la ley estaba el pecado muerto; mas en cuanto viene el mandamiento, revive (*Rom.,* VII, 7-9). Siempre, al leer las epístolas de Pablo de Tarso, me he detenido en este pasaje y en aquello de los que, sin tener ley, hacen naturalmente lo que es de la ley, y son ley para sí mismos, pues la llevan escrita en sus corazones (*Rom.,* II, 14-15), y me he dicho: ¿Para qué acongojar el ánimo restregándole la ley escrita, que es muerte, y no dejarle que descubra su ley viva, la que en sus entresijos yace? Y esta ley viva es la ley de la sinceridad; es que correspondan a nuestras entrañas nuestras *extrañas*, que sea nuestro proceder hijo de nuestro sentir y nuestras palabras revelación de nuestros pensamientos.

Éste debe ser nuestro hito: ¡sé sincero! Y si por dentro te tienes en algo, no lo ocultes por estudiada humildad, que cuando es de estudio la humildad deja de serlo.

Humildad rebuscada no es humilde, y lo más verdaderamente humilde en quien se crea superior a otros es confesarlo, y si por ello le motejan de soberbio, sobrellevarlo tranquilamente. Dice el susodicho P. Rodríguez en el cap. V del tratado que cité que, según San Bernardo, "el verdadero humilde desea ser tenido de los otros en poco, no por humilde, sino por vil, y gózase en eso". ¿Y no será fina humildad soportar, ya que no desear, ser tenido por soberbio? Aunque yo entiendo que la más fina, la más sencilla humildad es no cuidarse en ser tenido por nada, ni por humilde ni por soberbio, y seguir cada uno su camino, dejando que ladren los perros que al paso nos salgan, y mostrándose tal cual es sin recelo de habladurías.

Dicen muy piadosos varones que las virtudes de los paganos no eran sino falsas virtudes, pues se fundaban en vanagloria. Y las de esos cristianos de cabeza que buscan ser virtuosos por estas o aquellas razones, y acaso en esperanza de la gloria, ¿son virtudes finas y espontáneas? Todo lo rebuscado es falso, y humildad que vaya a aprenderse de libros ascéticos es casi siempre falsa humildad. Y conoceréis su falsedad en una cosa, y es que los falsamente humildes se escandalizan de los soberbios.

Todo lo rebuscado es malo, y eslo, por lo tanto, la soberbia rebuscada, la falsa soberbia, que es una de las más frecuentes. El fingimiento de soberbia es de lo que más a menudo he topado en mi vida, y cuidado que ésta no es aún larga.

Hablábame en cierta ocasión un amigo de un sujeto, conocido mío, y me decía: "No lo puedo soportar: tiene una soberbia que apesta; no acierto a comprender cómo se tiene en tal alto aprecio a sí mismo." Y hube de contestarle: "Estás equivocado: ni es soberbio, ni se tiene en tal aprecio." Y le expliqué cómo era eso una astucia que usaba el hombre para defenderse de los que le tenían por majadero, fingiendo tenerse él por un genio o poco menos, pues es la cuenta que se echaría: "tal vez a fuerza de dar yo a entender que soy un genio, llegue alguno a creérmelo". Y es que nunca he tomado tan a pechos lo de "conócete a ti mismo", que haya llegado a creer que es lo más difícil conocerse y que haya pocos que se conozcan. Creo, por el contrario, que los más de los hombres se conocen bastante bien, y que si les hiere el que se les eche en cara sus defectos, es porque ellos mismos se los han echado antes.

Abrigo la cada vez en mí más arraigada convicción de que cuando el hombre se encuentra a solas, cara a cara consigo mismo, suele juzgarse con severidad, reconociendo sus propias faltas, aunque luego se arredre de reconocerlas ante los demás, y se ponga a disculparse y justificarse a sí mismo. Y aún hay más, y es que este abrumamiento de la conciencia sobre sí misma es la pesadumbre mayor de la vida, y del que necesitamos se nos aligere para poder marchar desembarazados y escoteros por el camino de ella. Así le ocurre al que, encarándose a solas consigo mismo, da en cavilar en su soberbia, y en si molesta a no a los otros con sus aires de superioridad e indeferencia. Dejémonos de ello y obremos, que la soberbia que obra está ya salvada y no empozoña.

Tomás Carlyle, en el capítulo XI, "Trabajo", del libro tercero de su *Pasado y presente (Past and present)*, dice: "El último Evangelio en este mundo es: conoce tu obra y llévala a cabo." "¡Conócete a ti mismo! Largo tiempo te ha atormentado ese tú mismo; jamás llegarás a conocerlo, estoy seguro. No es tu tarea la de conocerte a ti mismo; eres un individuo inconocible; conoce lo que puedes obrar, y óbralo como un Hércules." Tales son las palabras de Carlyle, de quien algunas veces he tomado sentencias, pero siempre citándole en tales casos, para que lo sepan los badulaques que hablan de él y de mí sin haberlo leído.

La mala es, en efecto, la soberbia ociosa, la que se limita a la propia contemplación y a repetir el "¡Si yo quisiera!..." Mas desde el momento en que, persuadido uno de su superioridad, se lanza a obrar y desea que esa superioridad se manifieste en obras, cuando su soberbia pasa de contemplativa a activa, entonces pierde su ponzoña, y hasta puede llegar a ser, y de hecho llega a ser muchas veces, una verdadera virtud, y virtud en el sentido más primitivo, en el etimológico de la palabra *virtus*, valor. Soberbia cuyos fundamentos se ponen al toque de ensayo y comprobación de los demás, deja de ser algo malo. La soberbia contemplativa es la que envenena el alma y la paraliza. La activa, no. La mala es la soberbia del que por no ver discutida, o aun negada, su superioridad no la pone a prueba. La lucha purifica toda pasión.

Buscad la soberbia, antes que en aquellos que se echan a la calle y se muestran a las miradas de todos y al juicio de todos exponen sus palabras y sus actos, en los que no salen de casa ni rompen el coto de su vida privada, en los que dicen que los tiempos están muy malos, y no les queda a los buenos sino lamentarlo y aislarse del contagio del mal y pedir a Dios misericordia.

Estos tales son los soberbios de verdad, los que se enfurecen de que se ponga en duda su virtud, los que se amedrentan ante la censura pública. Sólo se decidirían a obrar si se les garantiese el buen éxito.

El acto de más grande humildad, de verdadera humildad, es obrar. Los místicos y ascéticos cristianos han comentado mil veces el supremo acto de humildad que significa la encarnación del Hijo de Dios y su muerte por redimir a los hombres; pero no sé de ninguno de ellos que haya visto en el acto mismo de la creación tal cual la ortodoxia lo enseña, un acto de suprema humildad. Dicen los teólogos que Dios llenaba la eternidad contemplándose a sí mismo, y de lo que de activo hay en toda contemplación, que exige, cuando menos, contemplador y cosa contemplada, e implica en el sujeto que se contempla a sí mismo cierto desdoblamiento de la personalidad, de esa actividad contemplativa sacan el misterio de la Trinidad; pero no sé que se les haya ocurrido decir que el crear el mundo, no siendo necesario, sino voluntario en Dios, implica la más grande humildad, la soberana lección de humildad, pues hace un mundo y luego hace hombres que lo juzguen y lo censuren, y expone así su obra a los juicios de sus criaturas. Y de aquí podían deducir que nuestra existencia misma arranca de un acto de divina humildad. Todo lo cual son reflexiones que me sugiere la doctrina tradicional ortodoxa de la creación del mundo y de la esencia de Dios, sin que me meta a juzgar ahora de esta doctrina ni a rechazarla ni a adoptarla. Mas una vez supuesta ella, se me ocurre ver en esa actividad *ad extra* la divinidad de la humildad. Obrar es ser humilde, y abstenerse de obrar suele, con harta frecuencia, ser soberbia.

Observad que las pinturas más sombrías de los males de la soberbia proceden de los abstinentes.

de los que se abstienen de obrar, de los más puramente contemplativos. Es que la sienten en vivo. Las más acabadas pinturas de los estragos de la soberbia vienen de los profesionales de la humildad, de los que toman la humildad por oficio, presos de la soberbia contemplativa, como las más vivas pinturas de la lujuria vienen de los que han hecho voto de castidad. Mala cosa es siempre violentar a la naturaleza en vez de dejarla a que se purifique en la acción. Esa contemplación abstinente forma los espíritus rumiantes.

Llamo rumiantes a los hombres que se pasan la vida rumiando la miseria humana, preocupados de no caer en tal o cual abismo. Llega a ser enfermedad terrible y enfermedad que produce verdaderas úlceras en el estómago espiritual. Y una úlcera en el estómago es cosa grave, porque, roto el epitelio, que resiste a los jugos mismos que segrega el estómago, y con los que disolvemos los manjares; roto ese epitelio protector, empieza el estómago a digerirse a sí mismo, y se destruye y se daña. Y así esas almas de rumiantes contemplativos suelen acabar por digerirse a sí mismas, por disolverse en el jugo de sus propios escrúpulos, recelos y cavilaciones. Es lo que les pasa a muchos que huyen del mundo para encontrarse consigo mismos, sus peores enemigos. Dicen que los enemigos del alma son tres: el mundo, el demonio y la carne; pero hay que añadir un cuarto y peor enemigo: el alma misma. A no ser que este enemigo, al que otros llaman el satánico yo, no esté incluído en el demonio.

El satánico yo es dañino mientras lo tenemos encerrado, contemplándose a sí mismo y recreándose en esa contemplación; mas así que lo echamos afuera y lo esparcimos en la acción, hasta su soberbia puede producir frutos de bendición. La inocencia de un niño, flor de la vida, suele ser la redención de los más impuros hartazgos de la carne de sus padres; por criminal que una pasión sea —hablo aquí el lenguaje corriente—, el fruto humano de ella es bendito. Un bastardo que llegue a héroe, ¿quién duda que es más para la humanidad que un legítimo que se quede en cobarde retiro?

Recuerdo ahora un soberbio, un hombre a quien tenían muchos por la encarnación de la soberbia. Y ese hombre, hombre animoso y fuerte, henchido de vida, se lanzó a obrar y a luchar, y caminó, de fracaso en fracaso, de tropiezo en tropiezo, entre las rechiflas de las gentes, y continuó obrando y cuanto más se burlaban de él más intensa era su actividad; y vinieron los días de la indiferencia y del silencio en torno de él, y continuó obrando. Y decían las gentes: "¡Pobre hombre, está loco!; los fracasos le acrecientan la soberbia; cuanto en menos le tienen los demás, en más se tiene él a sí mismo." Y murió, y luego de haber muerto venció. Y venció porque no fué nunca soberbio, realmente soberbio, con la soberbia contemplativa del retraído, del que se recoje en sí a los primeros golpes o al sentir los primeros fríos del desdén ambiente; porque fué un hombre realmente humilde, con la verdadera humildad, con la humildad del que se entrega y se reparte y no se reserva. Tenía fe en sí mismo.

Tenía fe en sí mismo, fe de que carecen los soberbios contemplativos; para creer en sí no necesitaba que los demás creyesen en él. Tenía fe en sí mismo, y esta fe brotaba de su plenitud de vida. Tenía que obrar, para él no había otro remedio sino obrar; tenía que engendrar y gestar y parir pensamientos vivos, porque, como Raquel, sentía que de no tener hijos habría de morirse. Y esos pensamientos los echaba al mundo, a morir o a vivir entre las gentes, al aire libre y a la luz de todos, llevando en su palabra la gloria o la infamia de su padre: eran sus hijos, eran sus hijos, que hoy mantienen vivo su espíritu entre nosotros.

¿Qué es la soberbia colectiva, uno de los pecados que a peor traer nos traen en España? Secularicémosla, porque es una soberbia claustral, contemplativa, una soberbia que no se vierte en obras por temor al fracaso. Es soberbia marroquí, fundada, más que en su propio conocimiento, en ignorancia de la ajena; es soberbia faquiresca o soberbia de yogui, que se aduerme contemplándose el ombligo.

Desclaustrémosla, secularizándola; echémosla de la contemplación a la acción y dejará de ser soberbia.

Muchas veces se ha fustigado, aunque nunca tanto como se merecen, a nuestras clases neutras, a los que se están en sus casas, so protexto de que corremos malos tiempos para que los hombres honrados se den a la vida pública; pero no sé si al fustigarlos se ha visto que es soberbia lo que principalmente les retiene en sus casas.

Diciembre de 1904.

LOS NATURALES Y LOS ESPIRITUALES

—Bueno, ¿y después?

—¿Después? Seguir chillando hasta desgañitarse.

—O, lo que es lo mismo, ladrar a la luna; ¿no es eso?

—Sí, ladrar a la luna, para que las gentes vean que la luna se deja ladrar y no por eso cesa en reflejarnos la luz del sol, y siga alumbrando, pero nadie le haga caso ni pierda el tiempo en contemplar a la luna con la boca abierta no siendo para descansar el ánimo.

—¿Y después?

—¿Después? ¡Ladrar al sol!

—¿Y después?

—¿Después? ¡Morirse!

—¿Y después?

—¿Después de morirse? Quedarse muerto, y que vengan nuevos ladradores. Nadie nos quita ya lo ladrado y lo vivido.

—Pero al muerto ¿no le quitaron ya lo vivido?

—No; los que fueron han sido, han vivido, y los que han vivido en una o en otra forma, viven.

—Pero esos ladridos...

—Alguno se despertará al oírlos y dirá: "Pero a ese condenado perro ¿qué le pasa?"

—Y luego, al ver que ladra a la luna, volverá a acostarse o saldrá y le tirará una pedrada al perro para que se calle.

—El que una vez se ha despertado y saltado de la cama difícilmente vuelve a conciliar el sueño;

y aunque se acueste de nuevo da vueltas y más vueltas en la cama, meditando.

—¿En los ladridos del perro?

—¡Al arrullo de ellos!

—¡Vaya una música!

—Las hay peores, es decir, más adormecedoras. ¡Sí, hay que ladrar y ladrar mucho!

—Y también aullar, me parece.

—También aullar, y luego morder, si se puede. Pero para hacer coraje, para que nos vengan con el palo o con la piedra y tengamos que defendernos a mordiscos, primero hay que ladrar.

—Bueno, dejémonos de parábolas y hablemos derechamente: ¿qué ganas con todo ese protestar y atacar y acometer y agitar?

—Sentirme hombre.

—Y para sentirte hombre ¿vas a perturbar la sociedad en que vives?

—¡Claro está que sí! ¡Que sean hombres también ellos!

—¿Y quiénes son ellos?

—¿Ellos?... ¡Los otros!

—Vas a no poder vivir en sociedad.

—También lo creo. Amo mucho a mis semejantes, me intereso demasiado por todos aquellos a quienes veo y oigo para poder vivir entre ellos. Me llega al alma el oír decir una tontería o una vaciedad a un prójimo, y quisiera ir a él y quitarle aquella tontería de la cabeza de cualquier modo, a golpes de maza, con violencia. Sufro mucho, sufro mucho porque no puedo acudir a todas partes y discutir con todos y sacar del error a todos los que en él se hallan.

—Tiempo perdido: no convencerás a nadie. Cada cual se atiene a sus ideas, y los que parecen ceder antes son los más retusos en recibir lo nuevo, son elásticos. Observa que las personas que parecen estar de acuerdo con la opinión del último que habla vuelven siempre a lo mismo. Es torpe discutir y querer sacar a nadie de sus ideas; los hombres no quieren dejarse convencer. Lo mejor es dejarlos.

—No, sino repetir una, y dos, y cien, y mil, y millones de veces la misma cosa, que en fuerza de oírtelo repetir acabarán por creértelo cuando ya no les suene a cosa extraña. Un día y otro y otro, siempre con la misma canción.

—Pero si una vez no se lo pruebas, ¿te lo van a creer la milésima?

—Claro que sí. La cuestión es que no les suene ya a cosa extraña y nueva, que sea corriente, que estén hartos de oírla. Lo que se oye a diario acaba por aceptarse, por absurdo que sea. El valor del hombre está en repetir constantemente su palabra. Como se sepa dar forma clásica a un disparate, pasará.

—¿Y por qué forma clásica?

—Porque la forma clásica es la que se ha hecho ya corriente y usual. Las nuevas ideas se rechazan porque hay que hacerlas lugar entre las viejas, variando cuando menos la colocación de éstas. Según Bagehot, un inglés de la clase media, con decir: "¡En mi vida he oído semejante cosa!", cree haber refutado un argumento.

—Lo cual me recuerda algo que dice Schopenhauer acerca de los tres grados por que pasa entre el público toda doctrina nueva, y que, si no estoy trascordado, es que primero se hace el silencio en su derredor, después se la mira como novedad peligrosa, y acaba por decirse: "Eso es muy antiguo."

—También yo recuerdo haber leído en él algo de eso, aunque no los términos precisos; mas lo que sí tengo observado es que de declarar una cosa ininteligible, paradójica, embolística y enredosa se pasa a decir que es una antigualla renovada. Rara es la doctrina que admite el pueblo como nueva, porque cuando la ha admitido ya, es cuando, habiendo dejado de ser nueva, tiene tradición.

—¿Y la tradición quieres hacerla a puro repetir una cosa?

—Sin duda. Es el procedimiento de la educación jesuítica; al niño hay que meterle en la cabeza, a puro martilleo, un número de principios en fórmulas, consagradas e invariables, entiéndalas o no, que luego, cuando sea mayor, fructificarán en él.

—Si es que fructifican...

—En efecto, si es que fructifican. ¿Crees que las respuestas del catecismo tienen nada de claro ni de comprensible, no ya para el niño, mas ni aun para el adulto? Los más de los que las aprenden se mueren sin haberlas entendido. Pero pasan como cosa corriente en fuerza de saberlas todos desde niños. Y el pueblo es un niño. ¿No has visto nunca a dos niños ponerse al sí y no?

—¿Qué es eso?

—Que empieza uno por afirmar algo, y el otro se lo niega, y aquél dice "que sí", y replica éste "que no", y vuelve el primero a su sí, y el segundo a su no, y se están en sí-no, sí-no, sí-no..., y al último, a una vez y seguido, el uno recita su sí, sí, sí, sí, sí, y el otro su no, no, no, no, no..., hasta que alguno de ellos se cansa y el otro queda encima o se vienen a las manos y se traban a cachete limpio, que suele ser lo más común. Y así, con el público y con el pueblo no importa tanto dar pruebas y razones de la afirmación que se sustenta cuanto estarlo afirmando de continuo y no hartarse de repetir un día y otro y otro y ciento, sin descanso ni parada, sí, sí, sí, sí, sí..., o no, no, no, no, no..., y gritar más que los demás, ladrar, ladrar fuerte. Porque eso de que no por más gritar se tiene más razón resulta de hecho una tontería. Eso que se llama misoneísmo sólo se cura a puro repetir novedades.

—No creo en la eficacia de tal proceder. A un pueblo no se le convence sino de aquello de que quiere convencerse; cuando creemos haberle dado una idea nueva, si la recibe, es que se la hemos sacado de las entrañas de su propio pensamiento, donde la tenía sin darse él mismo cuenta de ella. Y a este propósito voy a leerte lo que leí hace poco en el ensayo de Roberto Luis Stevenson acerca del poeta americano Walt Whitman, y que me pareció tan exacto, que lo traduje y copié, y aquí lo tengo, en este mi cuadernillo de notas. Dice: "Ahora bien; ¿cómo va a convencer el poeta como la naturaleza, y no como los libros? ¿Hay parte alguna de la naturaleza que pueda mostrar a otro hombre como puede mostrarle un árbol si pasean juntos? Sí, la hay: los pensamientos del hombre. En realidad, si ha de hablar el poeta con eficacia, ha de decir lo que está ya en la mente del que le oye. Es lo único que creerá el oyente; es lo único que será capaz de aplicar inteligentemente a los hechos de la vida. Una convicción cualquiera, aunque sea todo un sistema o toda una religión, tiene que pasar a la condición de lugar común o de postulado antes de que llegue a ser completamente operativa. Lucubraciones extrañas y teorías de alto vuelo pueden interesar, pero no gobernar la conducta. Nuestra fe no es la más alta verdad de que nos percatamos, sino la más alta que hemos sido capaces de asimilarnos en la trama y método mismos de nuestro pensamiento. Así es que no se renueva al hombre de veras blandiendo ante sus ojos las armas de la dialéctica, ni por inducción, deducción o construcción, ni forzándole a pasar de un modo de razonar a otro. No cabe hacerle creer algo, pero cabe hacerle ver que lo ha creído siempre. Y éste es el canon práctico. Cuando el lector exclama: "¡Ah, sí, lo sé!", y tal vez llega a medio irritarse al ver cuán de cerca se le ha anticipado el autor en sus propias ideas, entonces es cuando está en camino de lo que se llama en teología la fe salvadora." Hasta aquí Stevenson; ¿qué te parece?

—Me parece que apenas hay idea, por extraña que sea al prójimo, que no podamos llevarle a creer que se le había ocurrido a él, y que era desde siempre suya. Y esto es más fácil con lo que se llama por excelencia pueblo, con la masa anónima e inculta. Es más fácil hacer que acepte novedades el pueblo que la clase media de la cultura, los leídos, los que han pasado por aulas. Don Quijote pudo arrastrar tras de sí a Sancho, no al bachiller Sansón Carrasco.

—¡Es claro! Porque Sancho era ignorante.

—¿Ignorante? ¡Sea! Todos somos ignorantes, y todos ignoramos algo hasta que lo hayamos aprendido. Y a este caso suele gustarme repetir que si el principio de echarse a andar es estar parado, y el de pararse estar andando, así el principio de empezar a saber es ignorar, y no pocas veces el principio de ignorar es saber, y por esto suelo decir que el principio de la sabiduría es la ignorancia, o, aún mejor dicho, que el principio de la sabiduría es saber ignorar. Y Sancho sabía ignorar, y no lo sabía el bachiller Carrasco, como no suelen saberlo los bachilleres y sí los palurdos.

—Eso está bien, menos aquello de que el principio de ignorar es saber, sentencia que no entiendo, y sospecho que tampoco la entiendes tú, sino que la has soltado por la fuerza del consonante o por afición a la antítesis, y sin más razón.

—Te equivocas, y baste que recuerde aquellos versos de Leopardi de que "descubriendo, sólo la nada crece". A lo que suele decirse que de cada misterio aclarado surgen varios misterios por esclarecer. Y así puede decirse que el mucho y hondo saber acerca a la ignorancia, y que a los grandes genios antes y mejor puede entenderlos el vulgo bajo que no los doctos. O empleando otras palabras, que por habérmelas oído muchas veces me las entiendes: antes se entienden los espirituales con los naturales que no con los intelectuales, así como le es al ateniense más fácil entenderse con el beocio que no con el filisteo. La brutalidad y la genialidad pueden unirse; lo que ya no es tan fácil que se una con esta última es eso que suelen llamar discreción, o sea, el sentido medio.

—Yo creo, sin embargo, que es el pueblo, guardador de las tradiciones y conservador por excelencia, el que más resiste y rechaza las novedades del genio.

—Ni las del genio suelen ser tales novedades, ni el pueblo es conservador, ni guarda tradiciones de ésas.

—¿De ésas?

—De ésas, sí; porque al hablar de tradiciones, sé a qué soléis referiros. Y, empezando por lo de conservador, te diré que no puede serlo quien nada tiene que conservar. Nuestro pueblo está por encima o por debajo, pero ciertamente fuera de esas distinciones que hacemos entre conservadores y progresistas, sin que le importen un comino las cuestiones que dividen a éstos. Porque si tomas la de libertad de imprenta, no puede importarle al que no sabe leer ni escribir; si la de libertad de asociación, no se asocian; si la de libertad de conciencia, carecen de esa conciencia que aspira a ser libre; y todo por el estilo. A su vida no llegan aquellas cosas por las que peleamos. Y en cuanto a tradiciones, te diré que nada hay menos tradicionalista que el pueblo, y que no son tradiciones suyas, vivas en él, todas esas doctrinas y enseñanzas que hay que administrarle en cada generación, porque se le despegan. Las tradiciones suyas verdaderas, el caudal de consejas y supersticiones y agüeros y hechicerías que se trasmiten de padres a hijos, es muy distinto de ese legado que hay que estarle de continuo inculcando para que no lo deje caer. Aun a pesar del refrán que dice "el que calla, otorga", yo no creo que el pueblo otorga con su silencio todo lo que se quiere atribuirle.

—Te concedo que el pueblo no tenga opinión alguna en porción de cosas, pero no cabe duda que hace suya la que le dan aquellos en quienes tiene confianza. Su fe implícita...

—Y diste con el concepto, con el terrible concepto, con la doctrina pestilente y dañosa que está envenenando las raíces de la vida social de esta nuestra patria: ya diste con uno de los peores males...

—Pero, hombre; me choca que te exaltes así, tú, el hombre sereno, el hombre...

—Sí, no puedo oír en calma lo de la fe implícita; nada encuentro más repulsivo que elogiar la fe del carbonero, la del que, bajo palabra ajena, dice creer en lo que cuenta tal libro sin haberlo leído...

—Pero fíjate en que las más de las personas ni tienen tiempo ni criterio para enterarse de muchas cosas, y han de reposar, por fuerza, en los demás, y fiarse de lo que digan personas de autoridad y crédito. El que necesita sus horas para ganarse el pan de cada día no puede meterse en teologías...

—Es que la teología no es religión, ni es para nadie religión lo que no obre eficaz y directamente en su espíritu. Si un individuo me dice que cree en tal o cual misterio y no tiene la menor idea de éste, ni esa creencia obra en él frutos de acción, ni cree en ello, ni Cristo que lo valga. Y tal es la fe del carbonero, la del que dice: "Creo lo que cree la Santa Madre Iglesia", y luego, al preguntarle qué cree ésta replica: "Lo que yo creo", y no se sale de ahí. Eso es creer en la Iglesia, pero no en lo que ella enseña.

—Para el caso...

—No, para el caso no es igual. Para nadie puede tener la religión más contenido que aquel presente y vivo en su conciencia. Si uno me dice que su religión encierra dogmas o principios que él ignora, ésos no son dogmas ni principios de *su* religión, porque ésta no es suya. Lo que no sé no es mío ni me sirve.

—Sin embargo, tu médico sabe cosas que ignoras, y con él saberlas te cura.

—Pero la religión no es delegable ni es ciencia. Y aquí está el mal: en haber hecho de ella una metafísica con sus especialistas. Y por eso te repito que el pueblo no cree la mayor parte de las cosas que se dice constituyen su creencia, y no las cree porque no las conoce, y de conocerlas bien, tampoco las creería. Los que aparecen como maestros suyos en lo que toca a lo más íntimo de su vida no son fieles representantes de él: van a imponerle la letra muerta de una doctrina que ni conoce ni siente, y no a sacarle de las entrañas espirituales la que tiene allí dormida. Lo más de esa tradición que se dice ser la de nuestro pueblo ha constituído una constante violencia contra su más íntima tradición. Su fe honda, su fe inconsciente, riñe muchas veces con esa su llamada fe implícita.

—Ve cómo vienes a contradecirte.

—¿Contradecirme?

—Contradecirte, sí; porque no ha mucho que decías que en puro repetir una cosa se acaba por hacer que la crea el que nos la oye, y que apenas hay idea, por extraña que sea al prójimo, que no podamos llevarle a creer que se le hubiera ocurrido a él, y que era desde ya siempre suya, y ahora sales con esto otro de que no han logrado, en constante predicación de siglos, darle una tradición.

—Y no, no han logrado dársela, aunque reconozco que me han cogido en una contradicción, aparente al menos.

—¿Aparente?

—Aparente, sí, y lo irás viendo. Yo no sé si es que no han sabido inculcarle eso que se le trataba de inculcar o que ello riñe con su profunda manera de ser; mas lo cierto es que tal tradición histórica, y no más que histórica, no es su tradición viva y vivida, como hay muchas leyes que, a pesar de imponérselas siglos hace, no han logrado suplantar a las costumbres primitivas que con ellas riñen. Y el día en que hombres de autoridad, el día en que hombres de veras espirituales digan a este nuestro pueblo, a los naturales: "Te engañan los intelectuales ésos, y no creas lo que te dicen que crees y repites tú lo que crees", entonces Sancho, de quien no se cuenta que muriera, despertará a la voz de Don Quijote, redivivo, y, dejando al bachiller Carrasco con la palabra en la boca, volverá a irse tras su amo, a quien pedía con lloro que no se muriese, sino que le llevara a la ínsula prometida. Sancho espera a Don Quijote, aun sin saber que lo espera; los naturales esperan a los espirituales, hastiados de los fríos y hueros sermones del intelecto revestido de piedad. Vuelvo a mi tema: nada más cerca de la naturalidad que la espiritualidad; y tú me entiendes lo que con esto quiero decir.

—Te entiendo, sí, pero no me convences de ello; porque si el pueblo no entiende a los que le hablan con lógica, con la voz de la ciencia media, y dándole la tradición histórica fraguada por cadena de doctos rebuscadores; si no entiende esa voz, menos entenderá de arrebatos líricos, que apenas son otra cosa, de esa especie de profetas de nuevo cuño a que aludes al hablar de espirituales; me parece...

—Te equivocas. Lo menos acomodado al pueblo es la doctrina tradicional fraguada por teólogos, y esa ciencia de vulgarización que se le quiere ahora dar. Todo eso no le da vida. Y nada más cerca de lo natural que lo espiritual ni nada más cerca del pueblo que el poeta. El poeta, el vidente, el soñador, el utopista, no el hombre de ciencia, no el físico, ni el químico, ni el teólogo. El espiritual, en puro espiritualizarse, vuelve al pueblo. Ya Blumhardt, el poderoso predicador, decía que hay que convertirse dos veces: una de la vida natural a la espiritual, y después, otra vez de nuevo, de la espiritual a la natural, en cuanto es justa ésta. La suprema naturalidad se alcanza en el somo de la espiritualidad, en su cumbre. No espero que me lo tomes a paradoja si te digo que los santos, los verdaderos santos, han llegado a cobrar inocencia de animales y tanta pureza de intención como un borrego, un tigre o una víbora; esto los verdaderos santos.

—¿Y por qué insistes en lo de verdaderos?

—Porque una cosa son los santos según la naturaleza o, si quieres, según la gracia divina, y otra los santos según esta o aquella hermandad de hombres; a unos los canoniza Dios mismo, a otros la humanidad, a otros esta o aquella Iglesia. No llamo santos a todos los que figuran como tales en el calendario, pues los hay puramente eclesiásticos y hasta puramente litúrgicos.

—¡Entendido!

—Pues bien; los grandes santos verdaderos, que son los hombres que han llegado a la alta espiritualidad a que cabe llegar a hombre nacido; los más grandes santos, que han sido los supremos poetas, por haber hecho de la vida poesía, ésos han sido los hombres cuya vida se acercaba más a la animalidad. En pura santidad llegaron a la inocencia de los animales, y si uno de esos santos picó, dió zarpazos o devoró a alguien —con una u otra manera de devorar— fué con tanta pureza de intención y tanta falta de malicia, como pica la víbora y da zarpazos o devora el tigre. La gracia les había vuelto a la pura naturaleza. Y por lo tocante al hecho supremo de la vida, que es morirse, recuerdo haber leído en un escritor ascético, me parece que el padre Faber, que aconseja a los fieles no hagan comedias a la hora de la muerte ni conviertan en tablado de teatro el lecho mortuorio, sino que se mueran natural y sencillamente; y a esto añade que muchos de los más grandes santos se murieron como los animales, acostándose a morir. Y de aquí saco que, al decirse eso de "murió como un perro", no se tiene en cuenta que es la tal muerte un morir de santo.

—Me parece que te excedes.

—No lo sé, pero sí, como repito, que la muerte del santo es muerte de perro. Para el hombre perfecto es el morir una mera función fisiológica, algo como el dormirse. Y si el parir la mujer con dolor dicen ser efecto de la caída de nuestros primeros padres, y de haber con ella perdido el estado de pura naturaleza, el que sólo mediante la gracia se recobra, efecto también de la caída, signifique ésta lo que significare, ha de ser el morirse con dolor o el dolor de la muerte. Mas veo que vamos alejándonos mucho de nuestro hito y perdiendo el carril de nuestro discurso.

—¿Y qué más da?

—Cierto que da poco si esta nuestra conversación hubiera de irse y perderse con las aguas corrientes de la vida; pero como me consta de ciencia cierta que habrá de quedar cuajada en escrito, como si esas aguas se helasen, y habrá de publicarse, bueno es que le demos cierta unidad, no sea que el público que nos lea se queje.

—¿Y por qué ha de quejarse?

—Porque cuando la gente se pone a leer pónese a que le cuenten algo con principio, medio y fin, pues para estarse leyendo una conversación tirada y suelta, de esas que por cualquier punto cabe cortar, una de esas sartas sin cuerda, para eso se van al casino a oír charlar junto a la chimenea.

—Pero ¿no es una esclavitud el que hayamos de conversar para veinte, cien, mil o más personas y no para nosotros mismos?

—Bueno, amigo; dejemos eso, y puesto que hablamos para que se escriba y publique lo que hablamos, y puesto que eso de escribr, y más aún lo de publicar lo escrito, sea una de las cosas más antinaturales que cabe concebir, renunciemos a lo natural para someternos al arte o lo que fuere.

—Pero también el arte es naturaleza, como dijo el otro, quien lo dijera.

—Schiller, y antes de él supongo que otros, aunque esto importa poco, menos aún que el perder el hilo de nuestro discurso. Lo cierto es que eso de escribir es una de las cosas menos naturales, y por ello andan los escritores tan lejos de la naturaleza y tan lejos del pueblo, que se está arrimando a ella. Y entiende que quiero decir aquí por escritor algo muy poco recomendable.

—Me lo figuraba.

—Y te lo figurabas bien. Escritor o literato es algo no tan mezquino, sino mucho más mezquino que intelectual. Un literato francés ha dicho esta solemnísima majadería: "No hay más que una manera de tener talento, y es tener estilo"; y otro, inglés, Stevenson, dijo antes que en un literato sólo hay un mérito que deba tenerse en cuenta, y es el que escriba bien, y sólo una falta condenable, y es la de que escriba mal.

—Ahora habría que saber a qué llaman estilo esos caballeros.

—¡Desde luego! Mas de esto hablaremos otro día, y de cómo se confunde el estilo con el lenguaje, sin ver cuán poderoso estilo puede revelar uno chapurrando lengua que apenas conoce, y cuán desprovistas de él están muchas melopeas escritas con el más chinesco artificio gramatical y retórico. Y así el pueblo, guiado por certero instinto, desprecia a los escritores que no son otra cosa, y si influyen algo en él es por que le trasmiten algo del espíritu de otros no escritores, pero sí espirituales. Cierto es que un Kant, pongo por caso, jamás fué leído por el pueblo ni lo será en mucho tiempo al menos; pero no es menos cierto que gracias a él y a haberse empapado en su espíritu pudieron muchos escritores llevar hasta el pueblo algo de lo que escribieron. Los intelectuales —Kant, en rigor y a pesar de las apariencias engañosas, no lo era—, los intelectuales, digo, apenas sirven más que de intermediarios entre los espirituales y los naturales. El verdadero director de los movimientos íntimos de un pueblo suele ser a menudo el que menos se ve y de quien menos se habla.

—Sí, un Moltke dirigiendo una campaña desde su gabinete.

—Aunque sea una leyenda esa de Moltke, que no sé si lo es o no. Pero hay Moltkes de éstos, y lo más curioso del caso es que a las veces no los conocen ni aun los mismos que obran obedeciendo a su dirección, no ya los soldados, mas ni aun los generales. Escritores hay que protestarían airados si se les declarase de quién o de quiénes son inconscientes ministros. Y para la mayor parte de las personas no hay más remedio que resignarse a ser órgano de algún otro.

—Buena prueba de ello estamos dando ahora nosotros dos, pobres entes de razón, que no venimos a conversar aquí sino sirviendo de juguetes y ministros al escritor que nos trae y nos lleva y nos hace hablar por escrito.

—¡Pobre manera de hablar!

—Muchas veces no hay otro remedio. Pero se me ocurre una cosa al respecto que tratamos, y es que me choca mucho que con ese tu constante estribillo de que hay que dirigirse al pueblo y darle o devolverle espiritualidad...

—Despertársela.

—Bueno, sea despertársela; pues con eso de que es menester despertar la espiritualidad del pueblo, no te haya oído nunca formular una doctrina concreta, clara y aplicable que se haya de dar al pueblo.

—Ya salió aquello: la cantinela de los intelectuales, la doctrina concreta, clara y aplicable...

—Pues claro; ¿qué has de decir al pueblo?

—¡No deleguéis!

—Pero, hijo de Dios, ¿cómo no van a delegar gentes que no tienen ni preparación, ni tiempo, ni humor para formarse una doctrina?

—Que no deleguen, he dicho; que no deleguen. Al pueblo hay que repetirle, un día y otro y otro, que no delegue lo íntimo del espíritu; que se fragüe por sí mismo sus esperanzas y sus consuelos.

—Pero eso no es posible.

—Posible y muy posible. Hay que darle fe en sí mismo...

—En su ignorancia.

—Justo: fe en su ignorancia, fe en la sabiduría entrañal, y sobre todo quebrantar en él la fe del carbonero.

—Te he oído hablar muchas veces del Brand de Ibsen, ¿lo recuerdas?

—Sí, y recuerdo aquel heroico Kierkegaard, de quien es Brand reflejo en el arte, y sé por dónde vas; sé quieres decirme que el pueblo no quiere que le señalen caminos, sino hitos; que el pueblo no quiere que le enseñen modos de producir, sino que se le den productos; que quiere se le den las cosas hechas y las verdades resueltas.

—Evidente.

—Pues es evidencia que no me convence. Y te digo y repito que hay que despertarle la fe y no darle dogmas...

—Fe sin dogmas, como si lo oyera...

—Mil veces mejor que dogmas sin fe, que es su alimento actual. ¿Dogmas? Que él se los haga y se los deshaga y rehaga.

—Y que él se invente una química y una física y una fisiología a su gusto y capricho.

—Ni la química, ni la física, ni la fisiología, ni nada de eso, con ser tan grande y tan bueno y tan útil, es cosa propiamente del espíritu, aunque sirvan de preparación para lo espiritual. Todo eso es cosa del intelecto.

—Sutilezas escolásticas, que dirías tú.

—Nos entendemos, y basta. Todo eso es cosa de ciencia más que de sabiduría, de lo que llaman los alemanes *Wissenchaf* y los ingleses *knowledge*, más que de lo llamado por aquéllos *Weisheit* y por éstos *wisdom*. Por la ciencia van muchos a la sabiduría, o sea, que van por el intelecto al espíritu; pero no es ése el camino obligado, ni hemos de creer que para llegar el pueblo a la sabiduría espiritual tenga que pasar por la ciencia intelectual. Aquí está el error de los intelectuales; aquí está el error de los que se van a los obreros con nociones de física o de química generales, aunque es mucho mejor irles con esto que no con física o química aplicadas a sus oficios. De irles con física y química, creo que comprenden mejor y que les son más provechosas las altas teorías de esas ciencias, su parte filosófica, lo que de ellas puede sumirnos en el reino del espíritu, que no esas otras nociones técnicas. Observa que nada interesa tanto al pueblo como aquello que le es menos útil para la vida práctica cotidiana, y es la astronomía. No le vayas a un herrero de lugar con explicaciones sobre eso de que el calor dilata los cuerpos, y que el hierro es cuerpo simple, y que su combustión es oxigenación, que todo eso le entrará por un oído para salirle por el otro, y así debe ser; pero sácale al campo en una noche estrellada y muéstrale en la infinita bóveda el camino de Santiago, y dile lo que es la nebulosa y los millones de mundos de que consta, y que nuestro sol y nuestro sistema todo no es sino una molécula de ese inmenso anillo; y si se lo haces entender verás cómo te lo agradece y le has removido los hondones del espíritu, y no tan sólo arañado el pellejo de la inteligencia.

—Por donde se ve lo que sirve dar ciencia al pueblo y enseñarle cosas concretas y claras y...

—Sigue.

—Y... no sé lo que iba a decir.

—Aplicables, hombre, aplicables; acaba.

—No, aplicable no, pero dogmas astronómicos.

—Sí, aplicable, aplicable a lo espiritual, y no dogmas, porque no los recibe como tales. Tan ciencia o más es lo de la dilatación por el calor y la oxigenación del hierro, y eso no le importa. Pero dile luego que el trozo de hierro es también una nebulosa y que allí dentro hay sistemas planetarios de moléculas y soles acaso y astros con sus órbitas, y logra hacérselo entender y que relacione una cosa con otra y verás.

—¿Y eso no es ciencia?

—No, eso es ya filosofía. Y convéncete de que los grandes principios científicos modernos o, mejor dicho, los grandes principios filosóficos sacados de la ciencia moderna no serán eficaces para la vida honda y verdadera de los pueblos mientras no se reduzcan a religión. Que si todas aquellas filosofías del Logos encarnaron en la religión cristiana, en religión y en la misma religión cristiana pueden encarnar los principios de la conservación de la energía y de la evolución de las formas.

—Ahora defiendes la ciencia para el pueblo.

—Repito que no, porque eso no es la ciencia de los intelectuales, por útil que ésta sea. Pues hasta sus más elevadas hipótesis son doctrinas frías. Hay que hacerlas poesía, que es el alimento que recibe el pueblo, ni hay doctrina que se asimile mientras no se haga poética. El poeta, el poeta es el que está más cerca del aldeano y es el que puede llevarle de la naturalidad a la espiritualidad, o ya paso a paso por camino de intelecto o más bien por salto.

—¿Por salto?

—Por salto, sí, suprimiendo la intelectualidad. Y a eso responde mi palabra ¡no deleguéis! No hay que delegar, porque delegando se entrega el tesoro espiritual a intelectuales, y, lo que es peor, a intelectuales de escaso o casi nulo intelecto, a meros repetidores de fórmulas muertas; el espíritu es indelegable. Y si se le predica un día y otro y otro al pueblo que no delegue es posible que, recogido en sí y buscando con anhelo por dónde romper, se eleve de su naturalidad a su espiritualidad por salto. Y como se manifieste ésta y qué formas tome, eso no importa. Y aquí veo la superioridad espiritual respecto al intelectual para con el pueblo; y es que el intelectual le enseña lo que ha aprendido, conocimientos que tienen almacenados en su intelecto, y el espiritual le enseña lo que es, le enseña su propia alma, su personalidad. Y da al pueblo la visión más robusta, la más fecunda, la más avivadora que puede dársele, cual es la visión de un hombre entero y verdadero, la revelación de un alma al desnudo. El poeta, si lo es de verdad, no da conceptos ni formas; se da a sí mismo. ¿De qué valdría el Sermón de la

Montaña y las parábolas y los preceptos todos evangélicos si Jesús no se hubiese dado a sí mismo y si el libro en que se atesora su espíritu no nos diera, no ya sus enseñanzas, sino a él mismo, al hijo del hombre? Pilato le mostró al pueblo diciendo: He aquí el hombre. Debemos todos abrirnos ante el pueblo el pecho del alma, desgarrarnos las vestiduras espirituales, y mostrándole nuestras entrañas decirle: He aquí el hombre. Y el pueblo que se eduque a ver hombres acabará por buscarse, zahondar en sus entrañas espirituales, descubrir en ellas la fuente de su vida y decir a los demás pueblos: ¡He aquí el pueblo!

—¿Y no puede llegar a ese descubrimiento por la ciencia?

—No sé de nadie que haya llegado a descubrirse de veras estudiando fisiología y anatomía e histología y todas esas ciencias tan útiles para que el médico llegue a curarnos las afecciones corporales y para otras muchas cosas.

—Entre ellas, para llegar a curarnos las afecciones morales.

—Así dicen, aunque yo no lo creo.

—Pues yo sí lo creo, y tú y yo, bien mirado, somos hermanos gemelos e hijos de un mismo padre y hasta puede decirse que desdoblamiento de una sola y misma persona.

—Pues bien; convendrá que esa persona lo crea y no lo crea y reciba con su inteligencia lo que tú le enseñas, y recoja en su espíritu lo que le enseño yo, y que su fe y su razón anden a la greña de continuo, porque eso es vida. Él puede contradecirse, ya que el pricipio de contradicción es el principio de progreso en la vida; pero a cada uno de nosotros no nos es lícito contradecirnos.

—Y sin embargo, me acusas a menudo de que me contradigo, y yo te acuso, también a menudo, de que te contradices.

—Sí, te acuso de que te contradices porque defiendes a la vez tradiciones teológicas y novedades científicas, y eres de los que andan con eso de la armonía entre el dogma viejo y los principios nuevos. Y todo eso me parece sin importancia ni alcance. Nunca me ha interesado, ni lo más mínimo, el que concierte o no concierte el relato mosaico de la creación del mundo con las adquisiciones de la geología; es punto que cae fuera del espíritu, y su discusión sólo puede servir para hacer gimnasia intelectual y para divertirse un poco.

—Y yo, te lo he de decir una vez más, no veo en todas esas vaguedades tuyas y en todos esos juegos conceptistas que haces acerca del intelecto y el espíritu y los naturales, intelectuales y espirituales, y lo de no delegar, y lo de fe sin dogmas y dogmas sin fe, y toda la demás monserga cor que me aturdes los pacientes oídos, no veo en tod eso sino revoloteos en el vacío, o, como decía Juan Pablo, un pintar éter con éter en el éter. Todavía no sé, ni lo sabes tú mismo, me parece, qué es lo que crees ni lo que piensas, ni veo que estés lleno sino de ti mismo...

—¿Y te parece poco? Eso es lo primero, llenarse de sí mismo, y luego desbordar y volverse sobre los demás.

—Pero ese tú mismo, ¿sabes si le importa a nadie y si a nadie le sirve para algo?

—Todo hombre sirve a todo hombre. Si el prójimo que te parezca más insignificante y sin valor alguno, el que te haya molestado con más tonterías y a quien sólo hayas oído necedades, si ese prójimo se te vaciara por entero, no en lo que sabe, sino en lo que es, y recibieses algo de su espíritu en el tuyo, verías cuán renovado te encontrabas. Conocí un sujeto al que no podía soportar por lo impertinente de sus tonterías; jamás le oí sino perogrulladas irresistibles o lugares comunes que me duelen los oídos de oírlos repetir; sus juicios eran los de todo el mundo, y estaba el desgraciado tan henchido de sentido común, que no le quedaba ni el más menudo rinconcillo para el sentido propio. Huía de él como de la peste, porque, a pesar de la vulgaridad de su mente, era un buen hombre y no quería reñir con él. Pero le encontré una vez abatido y triste por desgracias de índole familiar y doméstica, y el infeliz, entre sollozos y lágrimas, me vació su espíritu. Y vi al hombre, un hombre hecho y derecho, todo un hombre, un espíritu repleto de eternidad y de infinitud. Su vida de familia era una tragedia oscura que no había trascendido al mundo. Y salí de aquella entrevista, de aquella comunión espiritual más bien renovado y espiritualizado. ¿Y crees que nada de lo que me dijo era concreto y claro y aplicable? No, sus sollozos me enseñaron más que su palabras. El hombre da más de sí a sus hermanos cuando llora o cuando ríe que no cuando canta. El pueblo necesita que le canten, que le rían y que le lloren mucho más que el que le enseñen.

—Pero ¿es que cantando se enseña?

—Sí, la tabla de multiplicar a los niños en las escuelas.

—No rechazo el canto, pero ha de ir con letra.

—Sí, y en latín para mayor claridad.

—¡Ah! Vuelves por la claridad.

—Hay dos claridades...

—Está visto que no nos entenderemos nunca.

—Ni conviene que nos entendamos.

—Adiós entonces y hasta ahora.

—¡Hasta ahora; adiós!

Y se fundieron los dos en uno.

Enero de 1905.

SOBRE LA LECTURA E INTERPRETACIÓN DEL "QUIJOTE"

En pocas cosas se muestra más de relieve que en lo que con el *Quijote* ocurre en España: la tristísima decadencia de nuestro espíritu nacional. Se ha podido decir con toda justicia que no es España la nación en que más se conoce el *Quijote,* y puede añadirse que no es aquélla en que mejor se le conoce.

Todo el mundo se harta aquí de repetir que el *Quijote* es la primera obra literaria española, acaso la única que tenga asegurado su puesto en el caudal escaso de las obras verdaderamente universales. Hay quien recuerda que Brandes, el prestigioso crítico danés, no pone más que tres nombres a la cabeza de las literaturas cristianas, y esos nombres son los de Shakespeare, Dante y Cervantes. Y por lo que hace a este último, no cabe duda de que es al *Quijote,* y sólo al *Quijote,* al que debe su gloria toda.

Mas con todo y con esto puede asegurarse que es España una de las naciones en que menos se lee el *Quijote,* y desde luego es aquella en que peor se le lee. Estoy harto de oír a españoles que no han podido resistir la lectura de nuestro libro, del que debería ser una a modo de Biblia nacional; son muchos los que me han asegurado no haber podido nunca dar remate a su lectura, habiéndolo empezado varias veces, y más de uno me ha confesado que sólo lo conoce a trozos y salteado. Y esto ocurre con españoles que pasan por cultos y hasta aficionados a la lectura.

Pero no es esto lo peor, sino que los que lo leen, y aun algunos que se lo saben casi de memoria, están a su respecto en situación inferior a la de los que no lo han leído, y habría valido más que nunca hubieran echado su vista sobre él.

Hay, en efecto, quienes lo leen como por obligación o movido por lo que de él se dice, mas sin maldito el entusiasmo, y a lo sumo empeñándose en que les ha de gustar. Lo leen como leen muchos curas el Evangelio durante la misa: completamente distraídos, mascullando el latín y sin enterarse de lo que están leyendo.

La culpa de esto la tienen, en primer lugar, los críticos y comentadores que como nube de langostas han caído sobre nuestro desgraciado libro, dispuestos a tronchar y estropear las espigas y a no dejar más que la paja. La historia de los comentarios y trabajos críticos sobre el *Quijote* en España sería la historia de la incapacidad de una casta para penetrar en la eterna sustancia poética de una obra y del ensañamiento en matar el tiempo con labores de erudición que mantienen y fomentan la pereza espiritual.

La erudición, o lo que aquí en nuestra patria suele llamarse erudición, no es de ordinario, en efecto, más que una forma mal disfrazada de pereza espiritual. Florece que es una pena en aquellas ciudades o aquellos centros en que se huye más de las íntimas inquietudes espirituales. La erudición suele encubrir en España la hedionda llaga de la cobardía moral, que nos tiene emponzoñada el alma colectiva. Suele ser en muchos una especie de opio para aplacar y apagar anhelos y ansias; suele ser en otros un medio de esquivar el tener que pensar por cuenta propia, limitándose a exponer lo que otros han pensado.

Cojo aquí un libro, allí otro, más allá aquél, y de varios de ellos voy entresacando sentencias y doctrinas que combino y concino, o bien me paso un año o dos o veinte revolviendo legajos y papelotes en cualquier archivo para dar luego esta o la otra noticia. Lo que se busca es no tener que escarbar y zahondar en el propio corazón, no tener que pensar y menos aún que sentir.

Y así resulta que apenas habrá hoy literatura alguna que dé obras menos personales y más insípidas que las nuestras, y apenas habrá hoy pueblo culto —o que por tal pase— en que se advierta una tan grande incapacidad para la filosofía.

Siempre creí que en España no ha habido verdadera filosofía; mas desde que leí los trabajos del señor Menéndez y Pelayo enderezados a probarnos que había habido tal filosofía española, se me disiparon las últimas dudas y quedé completamente convencido de que hasta ahora el pueblo español se ha mostrado retuso a toda comprensión verdaderamente filosófica. Me convenció de ello el ver que se llame filósofos a comentadores o expositores de filosofías ajenas, a eruditos y estudiosos de filosofía. Y acabé de confirmarme, corroborarme y remacharme en ello cuando vi que se daba el nombre de filósofos a escritores como Balmes, el padre Ceferino González, Sanz del Río y otros más. Y hoy sigue la esterilidad, si es que no se ha agravado. De un lado, esas miserables obrillas de texto en que se da vueltas y más vueltas al ramplón y manido escolasticismo, y de otro, esos libros en que se nos cuenta por milésima oncena vez lo que alguien llamaría la *corriente central* del pensamiento europeo moderno, los lugares comunes de la *Bibliothèque de philosophie contemporaine* que edita en París F. Alcan. No salimos de Taparelli,

Liberatore, Prisco, Arráburu y otros por el estilo, sino para entrar en Sergi, Novicow, Ferri, Max Nordau y compañeros.

Cuando he oído sostener a alguien el disparate histórico de que al pensamiento español le perdió en pasados siglos el consagrarse demasiado a la teología, y agregar que nos han faltado físicos, químicos, matemáticos o fisiólogos porque nos han sobrado teólogos, he dicho siempre lo mismo: y es que en España, así como no ha habido filósofos, y precisamente por no haberlos habido, no ha habido tampoco teólogos, sino tan sólo expositores, comentadores, vulgarizadores y eruditos de teología. Y la prueba de que aquí no han florecido nunca de veras los estudios teológicos y que nunca se ha llegado con intensidad y alguna persistencia al fondo de los gravísimos problemas metafísicos y éticos que ellos suscitan es que no ha habido aquí grandes heresiarcas. Donde no florecen las herejías es que los estudios teológicos son una pura rutina de oficio y un modo de matar el tiempo y ocupar la pereza espiritual con una falsificación de trabajo.

Aquí no hemos tenido ni grandes herejes de la teología ni grandes herejes de la filosofía. Pues así como hay una dogmática ortodoxa católica de la que ningún fiel puede apartarse, so pena de incurrir en pecado y poner en peligro su salvación eterna, imposible fuera del seno de la Iglesia, así también hay una dogmática científica moderna, aunque al parecer más amplia que aquélla, de la que ningún hombre culto puede apartarse, so pena de incurrir en extravagancia, prurito de originalidad o monomanía por las paradojas, y poner en peligro su crédito entre los sabios —esta insoportable clase de hombres— y hasta su respetabilidad entre las gentes. Para muchos, Haeckel, pongo por caso de sabio de la *corriente central* y por sabio para quien está cerrado lo más y lo más precioso del espíritu; Haeckel, digo, es para muchos algo así como un santo padre de la Iglesia científica moderna. Sobre todo cuando Haeckel suelta ramplonerías o groserías insípidas, lo cual sucede muy a menudo.

Digo, pues, que esta incapacidad filosófica que nuestro pueblo ha mostrado siempre y cierta incapacidad poética —no es lo mismo poesía que literatura— ha hecho que caigan sobre el *Quijote* muchedumbre de eruditos y perezosos espirituales, que constituye lo que se podría llamar la escuela de la Masora cervantista.

Era la Masora, como el lector sin duda sabe, una obra judía, crítica del texto hebreo de las Sagradas Escrituras, obra compuesta por varios doctos rabinos de la escuela de Tiberíades, durante los siglos VIII y IX. Los masoretas, que es como se llama a estos rabinos, contaron las letras todas de que se compone el texto bíblico, y cuántas veces está cada letra y cuántas veces cada una de éstas va precediendo a cada una de las demás, con otra porción de curiosidades del mismo jaez.

No han llegado todavía a tales excesos los masoretas cervantistas por lo que al *Quijote* se refiere, pero no le andan lejos. Se ha registrado, por lo que respecta a nuestro libro, todo género de minucias sin importancia y toda clase de insignificancias. Le han dado vueltas y más vueltas considerándolo como obra literaria, y apenas si ha habido quien se haya metido en sus entrañas.

Pero hay más todavía: y es que cuando alguien ha intentado meterse en tales entrañas y dar a nuestro libro sentido simbólico o tropológico han caído sobre él los masoretas y sus aliados los puros literatos y toda frasca de espíritus cobardes y le han puesto como no digan dueñas o se han burlado de él. Y de cuando en cuando nos sale algún santón de la crítica sesuda y de cortos vuelos diciéndonos que Cervantes ni quiso ni pudo querer decir lo que tal o cual simbolista le atribuye, sino que su propósito fué tan sólo el de desterrar la lectura de los libros de caballerías.

Convenido que así fuese; pero ¿qué tiene que ver lo que Cervantes quisiera decir en su *Quijote*, si es que quiso decir algo, con lo que a los demás se nos ocurre ver en él? ¿De cuándo acá es el autor de un libro el que ha de entenderlo mejor?

Desde que el *Quijote* apareció impreso y a la disposición de quien lo tomara en mano y lo leyese, el *Quijote* no es de Cervantes, sino de todos los que lo lean y lo sientan. Cervantes sacó a Don Quijote del alma de su pueblo y del alma de la humanidad toda, y en su inmortal libro se lo devolvió a su pueblo y a toda la humanidad. Y desde entonces Don Quijote y Sancho han seguido viviendo en las almas de los lectores del libro de Cervantes y aun en la de aquellos que nunca lo han leído. Apenas hay persona medianamente instruída que no tenga una idea de Don Quijote y Sancho.

No ha mucho que un docto alemán, A. Kalkhoff, en un libro interesante *(Das Christus Problem)* ha vuelto a la ya antigua tesis, nunca del todo abandonada por todos, de la no existencia histórica de Jesús de Nazaret, sosteniendo, con argumentos más o menos fundados o infundados, que los Evangelios son novelas apocalípticas compuestas en Roma por judíos cristianos, y que el Cristo no es más que un símbolo de la Iglesia cristiana, que nació en las comunidades judías en virtud del movimiento económico-social. Y agrega Kalkhoff que eso debe importar poco a los cristianos, pues que Cristo no es el Jesús histórico que pretende restablecer en toda su pureza y exactitud históricas la escuela protestante liberal, la que el autor llama teología de la vida de Jesús *(Leben Jesú Theologie)*, sino la entidad ética y religiosa que ha venido viviendo, trasformándose, acrecentándose y adaptándose a las diversas necesidades de los tiempos en el seno de la conciencia colectiva de los pueblos cristianos.

No traigo esto aquí a colación por hallarme de acuerdo con la doctrina de Kalkhoff, ni tampoco para rebatirla —odio las refutaciones, que suelen ser modelo de mala literatura y de peor filosofía—, sino tan sólo para poner más en claro lo que pienso respecto al *Quijote*. A nadie se le ocurrirá sostener en serio, no siendo acaso a mí, que Don Quijote existió real y verdaderamente e hizo todo lo que de él nos cuenta Cervantes, como la casi totalidad de los cristianos creen que el Cristo existió e hizo y dijo lo que de él nos cuentan los Evangelios; pero puede y debe sostenerse que Don Quijote existió y sigue existiendo, vivió y sigue viviendo con una existencia y una vida acaso más intensas y más eficaces que si hubiera existido y vivido al modo vulgar y corriente.

Y cada generación que se ha sucedido ha ido añadiendo algo a este Don Quijote, y ha ido él trasformándose y agrandándose. Mucho más interesante que todas las menudencias y pequeñeces que han ido acopiando respecto al *Quijote* los masoretas cervantistas y sus congéneres, sería recojer las distintas maneras como han entendido la figura del hidalgo manchego los distintos escritores que sobre él han escrito. En cientos de obras se ha sacado a Don Quijote y se le ha hecho decir y hacer lo que ni hizo ni dijo en el texto cervantino, y con todo esto podría formarse la figura de Don Quijote fuera del *Quijote*.

Y si Cervantes resucitara y volviese al mundo, no tendría derecho alguno para reclamar contra este *Quijote*, de que el suyo no es sino la hipóstasis y como el punto de partida; pues tanto valdría que una madre, al ver que su hijo llegaba a destinos en que ella ni soñó siquiera o que a ella le desplacen, pretendiera volverlo a su infancia y arrimárselo a los pechos de nuevo para darle de mamar, ya que no volverlo a su seno. Cervantes puso a Don Quijote en el mundo y luego el mismo Don Quijote se ha encargado de vivir en él; y aunque el bueno de don Miguel creyó matarlo y enterrarlo e hizo levantar testimonio notarial de su muerte para que nadie ose resucitarlo y hacerle hacer nueva salida, el mismo Don Quijote se ha resucitado a sí mismo, por sí y ante sí, y anda por el mundo haciendo de las suyas.

Cervantes escribió su libro en la España de principios del siglo XVII y para la España de principios del siglo XVII, pero Don Quijote ha viajado por todos los pueblos de la tierra y durante los tres siglos que desde entonces van trascurridos. Y como Don Quijote no podía ser en la Inglaterra del siglo XIX, pongo por caso, lo mismo que en la España del siglo XVII, se ha modificado y trasformado en ella, probando así su poderosa vitalidad y lo realísimo de su realidad ideal.

No es, pues, más que mezquindad de espíritu, por no decir algo peor, lo que mueve a ciertos críticos nacionales a empeñarse en que reduzcamos el *Quijote* a una mera obra literaria, por grande que su valor sea, y a pretender ahogar con desdenes, burlas o invectivas a cuantos buscan en el libro sentidos más íntimos que el literal.

Si la Biblia tiene un valor inapreciable, es por lo que en ella han puesto generaciones de hombres que con su lectura han apacentado sus espíritus; y sabido es que apenas hay en ella pasaje que no haya sido interpretado de cientos de maneras, según el intérprete. Y esto es un bien grandísimo. Lo de menos es que los autores de los distintos libros de que la Biblia se compone quisieran decir lo que los teólogos, místicos y comentadores ven en ellos; lo importante es que, gracias a esta inmensa labor de las generaciones durante siglos enteros, es la Biblia fuente perenne de consuelos, de esperanzas y de inspiraciones del corazón. Y lo que se ha hecho con las Sagradas Escrituras del cristianismo, ¿por qué no se ha de hacer con el *Quijote*, que debería ser la Biblia nacional de la religión patriótica de España?

Acaso no sería difícil relacionar lo endeble, fofo y huero de nuestro patriotismo con la estrechez de miras, la mezquindad de espíritu y la abrumadora ramplonería del masoretismo cervantista y de los críticos y literatos que han examinado aquí nuestro libro.

Tengo observado que de cuantas veces se cita en España el *Quijote* con elogio, las más de ellas es para citar los pasajes menos intensos y menos profundos, los más literarios y menos poéticos, los que menos se prestan a servir de punto de apoyo para vuelos filosóficos o elevaciones del corazón. Los pasajes de nuestro libro que figuran en las antologías, en los tratados de retórica —debían quemarse todos— o en las colecciones de trozos escojidos para lectura en las escuelas, parecen entresacados adrede por algún escriba o masoreta que tenga declarada guerra al espíritu del Don Quijote inmortal, del que sigue viviendo después que resucitó del sepulcro sellado por don Miguel de Cervantes Saavedra, luego que le hubo en él enterrado e hizo levantar fe de su muerte.

En vez de llegar a la poesía del *Quijote*, a lo verdaderamente eterno y universal de él, solemos quedarnos en su literatura, en lo que tiene de temporal y de particular. Y en este respecto, nada más mezquino ni más pobre que el considerar al *Quijote* como un texto de lengua castellana. Lo cual tampoco puede hacerse, pues en punto a lengua hay muchos libros castellanos que nos la presentan más pura y más castiza; y por lo que al estilo hace, no deja de ofrecer el del *Quijote* cierta artificiosidad y afectación.

He de decir más: y es que creo que el *Quijote* no es ningún buen modelo de lenguaje y estilo literarios castellanos, y que ha producido estragos en aquellos que han querido imitarlos, acudiendo, entre otras triquiñuelas de oficio, al fácil y cómodo artificio de echar el verbo al fin de la oración. Pocas cosas conozco más desgraciadas que las producciones de los imitadores de la hechura literaria del *Quijote*, como no sean las de aquellos otros que pretenden escribir en estilo bíblico haciéndolo en frases cortas, con muchos puntos finales y muchas *ys* y repitiendo mucho las cosas. Y así como puede haber soplo verdaderamente bíblico e inspiración profética en lenguaje y estilo completamente distinto de los libros sagrados de los judíos, puede haber inspiración y soplo quijotescos en un estilo y lenguaje que se aparten de los empleados por Cervantes en su libro imperecedero.

Cuéntase de uno de los reyes ingleses del siglo XVII que preguntaba a uno de sus cortesanos si sabía castellano, y al contestarle que no, le dijo: "¡Pues es lástima!" Creyendo el cortesano que había pensado en darle alguna embajada en España o cosa parecida, se aplicó a aprender castellano; y cuando ya lo supo, se fué al rey a decírselo, y éste le dijo entonces: "Me alegro, porque así podréis leer el *Quijote* en su propia lengua." En lo cual demostró el soberano conocer muy poco el valor del *Quijote*, que depende en gran parte de que es un libro traductible, perfectamente traductible, y de que su fuerza y poesía toda queda en él, viértasele al idioma a que se le vierta.

Nunca he podido pasar con eso de que el *Quijote* sea intraductible; y aún hay más: y es que llego a creer que hasta gana traduciéndolo, y que si ha sido mejor sentido fuera de España que en ella misma, se debe en buena parte a que no ha podido empañar su belleza la preocupación del lenguaje. O, mejor dicho, por no sentirse aquí su íntima grandeza hay tantos que se agarran a lo de su estilo y forma externa. Que, lo repito, me parecen no muy recomendables.

Todo consiste en separar a Cervantes del *Quijote* y hacer que a la plaga de los cervantófilos o cervantistas sustituya la legión sagrada de los quijotistas. Nos falta quijotismo tanto cuanto nos sobra cervantismo.

Sucede en la historia literaria que unas veces es el hombre superior al autor; y así a tal o cual escritor, que produjo enorme sensación en sus contemporáneos, no podemos juzgarlo y nos sorprende el prestigio de que gozó y la influencia que ejerció, mientras otras veces es el autor superior al hombre y las obras al que las escribió. Hay hombres muy superiores a sus obras, y hay obras muy superiores a los hombres que las llevaron a cabo. Hay quien se muere sin haber agotado su espíritu en sus escritos y habiéndolo derramado en conversaciones, en dichos y en hechos. Sorprende encontrarnos en antiguos escritores con elogios subidísimos de alguno de sus contemporáneos, cuyas obras nos dejan hoy fríos, y en tal caso debemos suponer que el hombre era muy superior a sus obras. Y en otros casos ocurre lo contrario.

Y no me cabe duda de que Cervantes es un caso típico de un escritor enormemente inferior a su obra, a su *Quijote*. Si Cervantes no hubiera escrito el *Quijote*, cuya luz resplandeciente baña a sus demás obras, apenas figuraría en nuestra historia literaria sino como ingenio de quinta, sexta o décimatercia fila. Nadie leería sus insípidas *Novelas ejemplares*, así como nadie lee su insoportable *Viaje al Parnaso*, o su teatro. Las novelas y digresiones mismas que figuran en el *Quijote*, como aquella impertinentísima novela de *El curioso impertinente*, no merecería la atención de las gentes. Aunque Don Quijote saliese del ingenio de Cervantes, Don Quijote es inmensamente superior a Cervantes. Y es que, en rigor, no puede decirse que Don Quijote fuese hijo de Cervantes; pues si éste fué su padre, fué su madre el pueblo en que vivió y de que vivió Cervantes, y Don Quijote tiene mucho más de su madre que no de su padre.

Voy más lejos aún: y es que llego a sospechar que Cervantes se murió sin haber calado todo el alcance de su Quijote, y acaso sin haberlo entendido a derechas. Me parece que si Cervantes resucitara y leyese de nuevo su *Quijote*, lo entendería tan mal como lo entienden los masoretas cervantistas y se pondría del lado de éstos. No nos quepa duda sino de que, en caso de volver Cervantes al mundo, se haría cervantista y no quijotista. Pues bastar leer atentamente el *Quijote* para observar que cada vez que el bueno de Cervantes se introduce en el relato y se mete a hacer consideraciones por su parte, es para decir alguna impertinencia o juzgar malévola y maliciosamente a su héroe. Así sucede, por ejemplo, cuando al contarnos la hermosísima proeza de Don Quijote de enderezar aquel su discurso sobre la edad de oro a unos cabreros que no habrían de entendérselo en su sentido material —y en esto consiste lo heroico de la arenga— llama a ésta *inútil razonamiento*. Y a seguida se ve obligado a mostrarnos que no fué inútil, pues los cabreros lo oyeron *embobados y suspensos*, y en pago de él regalaron a Don Quijote con pastoriles cantares. El pobre de Cervantes no alcanzaba a la robusta fe del hidalgo manchego, fe que le hacía dirigirse con elevadas pláticas a los cabreros, seguro de que, si no entendían su letra, se edificaban con su música. Y como con este pasaje, le ocurre a Cervantes con muchos otros.

Y nada debe de extrañarnos esto; pues, como ya he dicho, si Cervantes fué el padre de Don Quijote, su madre fué el pueblo de que Cervantes formaba parte. Cervantes no fué más que un mero instrumento para que la España del siglo XVII pariese a Don Quijote; Cervantes hizo en su *Quijote* la obra más impersonal que puede hacerse y, por lo tanto, la más profundamente personal en cierto sentido. Cervantes, como autor del *Quijote*, no es más que ministro y representante de su pueblo, ministro y representante de la humanidad. Y por esto hizo una obra grande.

El genio es, en efecto, el que en puro personalidad se impersonaliza, el que llega a ser voz de un pueblo, el que acierta a decir lo que piensan todos sin haber acertado a decir los que lo piensan. El genio es un pueblo individualizado. Y así como ha dicho un literato, me parece que fué Flaubert, que la perfección del estilo consiste en no tenerlo, y es indudable que el estilo, como el agua, es mejor cuanto a menos sepa, así la perfección del pensamiento y del sentimiento es no tenerlos, sino pensar y sentir lo que piensa y siente por dentro el pueblo que nos rodea y del que formamos parte. Y he añadido *por dentro*, porque al pueblo le han hecho creer que piensa y siente lo que ni piensa ni siente y cree lo que no cree; y cuando alguien viene y le descubre lo que en realidad piensa, siente y cree, se queda embobado y suspenso, aunque a primeras apenas le entienda, como se quedaron los cabreros embobados y suspensos al oír hablar a Don Quijote del siglo del oro.

Y así como hay genios vitalicios, genios que lo son durante toda su vida, y que durante toda ella aciertan a ser ministros y voceros espirituales de su pueblo, así hay también genios temporeros, genios que no lo son más que en alguna ocasión de su vida. Ahora, que esta ocasión puede ser más o menos duradera y de mayor o menor alcance. Y esto debe servirnos de consuelo a los mortales de loza más basta cuando consideremos a los de porcelana finísima, pues ¿quién no ha sido alguna vez, y siquiera por un cuarto de hora, genio de su pueblo, aunque su pueblo sea de trescientos vecinos? ¿Quién no ha sido héroe de un día o siquiera de cinco minutos? Y gracias a esto, a que todos podamos llegar a ser genios temporeros, siquiera de temporada de unos minutos, gracias a esto podemos comprender a los genios vitalicios y enamorarnos de ellos.

Cervantes fué, pues, un genio temporero; y si se nos aparece como genio absoluto y duradero, como mayor que los más de los genios vitalicios, es porque la obra que escribió durante la temporada de su genialidad es una obra no ya vitalicia sino eterna. Al héroe de un día, al que en el día de su heroicidad le sea dado derrocar un inmenso imperio y cambiar así el curso de la historia, le está reservado en la memoria de las gentes un lugar más alto que el de muchos genios vitalicios que no derrocaron imperio alguno material. Ahí tenéis a Colón. ¿Qué es Colón sino un héroe de temporada?

Durante la temporada en que estuvo Cervantes bajo las alas espirituales de su patria, recibiendo la incubación de ésta, engendróse en su alma Don

Quijote, es decir, engendró su pueblo en él a Don Quijote, y así que éste salió al mundo abandonó a Cervantes su pueblo, y Cervantes volvió a ser el pobre escritor andariego, presa de todas las preocupaciones literarias de su tiempo. Y así se explican muchas cosas, y entre otras, la endeblez del sentido crítico de Cervantes y la pobreza de sus juicios literarios, como lo hizo ya notar Macaulay. Todo lo que en el *Quijote* es crítica literaria, es de lo más ramplón y más pobre que puede darse y delata una verdadera opilación de sentido común.

Y observad cómo un hombre tan cuerdo y tan tupido de sentido común, y del más basto que se conoce, como era Cervantes, pudo engendrar a un caballero tan loco y tan henchido de sentido propio. Cervantes no tuvo otro remedio sino darnos un loco para poder encarnar en él lo eterno y grande de su pueblo. Y es que muchas veces, cuando lo más íntimo de lo íntimo de nuestras entrañas, cuando la humanidad eterna que duerme en lo hondo de nuestro seno espiritual se nos sube a flor de alma gritando sus anhelos, o aparecemos locos o fingimos estarlo para que se nos disculpe nuestro heroísmo. Miles de veces acude un escritor al artificio de fingir decir en broma lo que siente muy en serio, o saca a escena un loco para hacerle decir o hacer lo que haría o diría él de muy buena gana y muy en acuerdo, si la miserable condición rebañega de los hombres no les llevara a querer ahogar al que se salga del redil de que están deseando salirse todos, y sin valor ni coraje para hacerlo, por miedo de morirse de hambre, sed y frío en el campo raso y sin pastor ni perro.

Ved todo lo que hay de genial en Cervantes, y cuál es la relación íntima que media entre él y su Don Quijote. Y todo esto debería movernos a dejar el cervantismo por el quijotismo, y a cuidar más de Don Quijote que de Cervantes. Dios no mandó a Cervantes al mundo más que para que escribiese el *Quijote*, y me parece que hubiera sido una ventaja el que no conociéramos siquiera el nombre del autor, siendo nuestro libro una obra anónima, como lo es el *Romancero* y creemos muchos que lo es la *Ilíada*.

Y me atrevo a más: y es a escribir un ensayo en que sostenga que no existió Cervantes y sí Don Quijote. Y visto que por lo menos Cervantes no existe ya, y sigue viviendo en cambio Don Quijote, deberíamos todos dejar al muerto e irnos con el vivo, abandonar a Cervantes y acompañar a Don Quijote.

Considero que una de las mayores desgracias que al quijotismo pudiera ocurrirle es que se descubriese el manuscrito original del *Quijote*, trazado de puño y letra de Cervantes. Es de creer que semejante manuscrito se destruyó, afortunadamente, ya que en tiempos de Cervantes no había el fetichismo que hoy hay por los autógrafos, ni se sabe que se fuese tanto como hoy se va a los escritores famosos a que pusieran pensamientos en álbumes y tarjetas postales. Caso de no haberse destruído aquel manuscrito y de haberlo conservado algún curioso y enterrado luego en un arca y que hoy apareciese, de lo menos de que nos veríamos amenazados sería de una reproducción fototípica del tal manuscrito, y luego de una porción de monografías de grafólogos distinguidos. Y ¡qué de curiosas investigaciones se harían sobre qué pasajes escribió Cervantes con más seguro pulso, y en cuáles corrió más su pluma, y en cuáles se detuvo, y dónde había más tachaduras y enmiendas y dónde menos! Teniendo lo cual en cuenta, considero a la máquina de escribir como una maravillosa y beneficiosísima invención, y creo que deberíamos adoptarla los escritores todos para no tener letra, y de paso ganarían no poco los cajistas y regentes de las imprentas, pues abundan los escritores que no se avergüenzan de escribir mal.

Digo que considero sería una desgracia para el quijotismo el que se descubriese el manuscrito original del *Quijote;* pues si habiéndose éste perdido se hacen las cosas que se hacen con la primera edición, ¿qué no se haría entonces?

Yo he sentido siempre no haber encontrado algún ejemplar de esa primera edición perdido en cualquier venta o alquería de estos campos, porque hubiera procurado comprarlo al precio más bajo posible, y lo habría vendido en seguida al más alto precio que por él me dieran, para comprar con el producto de esta operación mercantil una porción de obras quijotescas que me hacen mucha falta, y entre las cuales, excuso decirlo, no habría ni un solo libro de cervantista alguno. Aseguro que con el producto de mi reventa no compraría ni los trabajos de Pellicer ni los de Clemencín.

Es una cosa triste el de que del libro mismo, del libro material en que se cuenta la historia del ingenioso hidalgo, se haya hecho por muchos un fetiche, agotándose a su respecto todos los más insulsos pasatiempos que pueden ocurrírseles a esos bípedos implumes, llamados por mejor nombre bibliófilos. Y entretanto, está haciendo falta en España una edición del *Quijote* que a la mayor manuabilidad, a la mayor limpieza y claridad de tipos y consistencia de papel, a la más esmerada corrección tipográfica, una el precio más módico que sea dable; una edición sencilla, limpia, modesta, clara, manuable y barata. Y esto no se conseguirá mientras no aumentemos el número de los quijotistas conscientes y reduzcamos a la inacción y al silencio a los cervantistas.

Se dice y se repite hasta la saciedad que el quijotismo nos ha perdido; y aun cuando son ya muchos los que han protestado contra esta falsísima especie, conviene protestar una vez más y decir muy alto que aún no ha empezado el reinado de Don Quijote en España. El pobre hidalgo manchego, después de haber resucitado del sepulcro en que le depositó Cervantes, ha corrido el mundo todo, siendo aclamado y comprendido en muchas partes de él —en Inglaterra y en Rusia muy especialmente—, y al volverse a su tierra se encuentra con que es donde peor le comprenden y donde más le calumnian. Puede repetir lo que dijo su Maestro Jesús, de quien Don Quijote fué, a su modo, fiel discípulo: "Nadie es profeta en su tierra."

¿Lucirán en España mejores días para Don Quijote y Sancho? ¿Serán mejor comprendidos?

Es de esperarlo, sobre todo si los quijotistas nos proponemos quijotescamente derrotar a los cervantistas.

Antes de terminar tengo que hacer una declaración: y es que todo cuanto aquí he dicho de Don Quijote se aplica a su fiel y nobilísimo escudero Sancho Panza, aún peor conocido y más calumniado que su amo y señor. Y esta desgracia que sobre la memoria del buen Sancho pesa, le viene ya desde Cervantes, que si no acabó de comprender a derechas a su Don Quijote, no empezó siquiera a comprender a su Sancho, y si fué con aquél malicioso algunas veces, fué con éste casi siempre injusto.

Una de las cosas, en efecto, que más saltan a los ojos cuando se lee el *Quijote*, es la incomprensión por parte de Cervantes del carácter y alma de Sancho, cuya excelsa heroicidad no concibió nunca su padre literario. A Sancho le calumnia y le maltrata sin razón ni motivo, se empeña en no ver claro los móviles de sus actos, y hay ocasiones en que se siente uno tentado a creer que, movido por esa incomprensión, altera la verdad de los hechos y le hace decir y hacer al buen escudero cosas que nunca pudo haber dicho y hecho, y que, por lo tanto, ni las dijo ni las hizo.

Y tal maña se dió el malicioso Cervantes para torcer las intenciones de Sancho y tergiversar sus propósitos, que ha caído sobre el noble escudero una fama inmerecida, de la que espero conseguiremos redimirle los quijotistas, que somos y debemos ser sanchopancistas a la vez.

Afortunadamente, como Cervantes no fué, según dije, sino en parte, y muy en parte, autor del *Quijote,* quedan en este libro inmortal todos los elementos necesarios para restablecer el verdadero Sancho y darle la fama que merece. Pues si Don Quijote estuvo enamorado de Dulcinea, no menos lo estuvo Sancho, con la circunstancia de que aquél salió de casa movido por el amor a la gloria, y Sancho por el amor a la paga; pero fué éste gustando la gloria, y acabó por ser, en el fondo, y aunque él mismo no lo creyera, uno de los hombres más desinteresados que haya conocido el mundo. Y cuando Don Quijote se moría cuerdo, curado de su locura de gloria, Sancho se había vuelto loco, loco de remate, loco por la gloria; y mientras aquél abominaba de los libros de caballería, el buen escudero le pedía, con lágrimas en los ojos, que no se muriese, sino viviera para volver a salir a buscar aventuras por los caminos.

Y como Cervantes no se atrevió a matar a Sancho, ni menos a enterrarlo, suponen muchos que Sancho no murió, y hasta que es inmortal. Y el día menos pensado nos vamos a encontrar con la salida de Sancho, el cual, montado en Rocinante, que tampoco murió, y revestido con las armas de su amo, que para el caso se las arreglará el herrero del Toboso, se echará a los caminos a continuar las glorias de Don Quijote y a hacer triunfar de una vez el quijotismo sobre la tierra. Porque no nos quepa duda de que es Sancho, Sancho el bueno, Sancho el discreto, Sancho el sencillo; que es Sancho, el que se volvió loco junto al lecho en que su amo se moría cuerdo; que es Sancho, digo, el encargado por Dios para asentar definitivamente el quijotismo sobre la tierra. Así lo espero y deseo, y en ello y en Dios confío.

Y si algún lector de este ensayo dijera que todo esto no son sino ingeniosidades y paradojas, le diré que no entiende jota en achaques de quijotismo, y le repetiré lo que en cierta ocasión dijo Don Quijote a su escudero: Como te conozco, Sancho, no hago caso de lo que dices.

Abril de 1905.